2. Auflage

· Graphische Gestaltung Walter Pichler · Druck und Bindung R. Kiesel, Salzburg · Printed in Austria
ISNB 3-7017-0111-3

BARBARA FRISCHMUTH

Haschen nach Wind

ERZÄHLUNGEN

Residenz Verlag

Bleiben lassen

So besehen, schien ihr Leben ein Anachronismus.
Um die Mittagszeit überfiel sie so starker Hunger, daß sie aus dem Garten ins Haus lief, die Tür zum Eiskasten aufriß und mit gierigem Blick die Regale absuchte, genau wissend, welche Vorräte sie zu Hause hatte.
Die Küche war sauber, so sauber, daß sich weder um die Metallgriffe an den Kästchen Fingerabdrücke, noch Wasserflecken im Spülbecken befanden. Glatte, glänzende Flächen, weiß-gelb, sie hatte es so haben wollen. Stühle mit geflochtenen Sitzflächen, aber schon der Tisch wieder ein Kompromiß mit der Pflegeleichtigkeit, abwaschbare Oberfläche, raumsparend, an der Wand fixiert. Eine Tiefkühlpackung mit Gemüse in der Hand, blieb sie auf dem halben Weg vom Eiskasten zum Herd stehen, kehrte dann wieder um und legte die Tiefkühlpackung an ihren Platz zurück. Sie würde einen Topf, einen Teller, Besteck, ein Sieb und eine Pfanne brauchen, wenn es Spiegelei dazu geben sollte, wodurch ein Teil ihrer vormittäglichen Arbeit des Spülens und Einordnens wiederholt und somit ungeschehen gemacht sein würde.
Sie öffnete den Schrank, in dem sich verschiedene Dosen und Packungen mit haltbaren Lebensmitteln befanden, wählte eine Dose mit Leberaufstrich und öffnete sie, wonach sie den Dosenöffner sofort unter fließendes Wasser hielt, ihn mit einem Geschirrtuch trocken wischte, und ihn gleich darauf

zurück in die Lade steckte. Sie nahm ein paar Scheiben Knäckebrot aus einer Wachspapierpakkung, wobei sie es ängstlich vermied, Brösel zu verstreuen, legte sie auf ein Stück Alu-Folie, das man später wegwerfen konnte und steckte einen Strohhalm in eine pyramidenförmige Packung mit Orangensaft.

Wenn ihr Hunger weniger groß war, begnügte sie sich mittags mit einem Stück Schokolade oder einigen Löffeln Ovomaltine, die sie langsam mit der Zunge zum Schmelzen brachte und dann in sich einsickern ließ, um so lange wie möglich mit dem Geschmack beschäftigt zu sein.

Sie war sich selbst sosehr abhanden gekommen, daß sie es kaum wagte, für sich allein etwas von ihrer Kraft auszugeben.

Und es ging ihr darum, daß denen, die vorbeikamen und sie so mit verschränkten Armen in einem Gartenstuhl sitzen oder in der Hängematte liegen sahen, klar war, daß sie das Geschirr gespült, die Böden gereinigt, die Bücher abgestaubt, die Fenster geputzt und die Wäsche gewaschen hatte, daß sie nun ihre Freizeit genoß, nachdem sie die zu tuende Arbeit getan und sich keine weitere unnütze gemacht hatte. Als Beispiel dafür, daß es auf die Flinkheit, die Leichtigkeit ankam, mit der einem die Dinge von der Hand gingen.

Es war das, was sie sich gewünscht hatte. Allein in einem Haus zu wohnen, so weit draußen, daß nicht mehr jeder Baum ein Ereignis war, das besonderer Würdigung bedurfte, wo man an keiner Hauptverkehrsstraße wohnte und der Garten groß genug war, um sich darin, wenn man es wollte, verbergen zu können. Natürlich war nicht alles genauso wie sie es sich vorgestellt hatte, aber es war auch nicht anders im negativen Sinn, nicht etwa so, daß sie irgendetwas Bezeichenbares vermißt hätte, selbst der Swimming-pool war nur noch eine Frage der Zeit.

Sie hatte es sich gewünscht, zu Hause zu bleiben, mit ihren Büchern und Schallplatten, mit ihrer Arbeit, niemand konnte ihr vorwerfen, daß sie zu wenig arbeitete, mit sich selbst und dem Garten, ohne daß sie jemandem Rechenschaft darüber schuldig war, wie sie sich die Zeit einteilte, wann sie sich wo aufhielt und warum sie nicht das eine vor dem anderen machte.

Freilich war es nicht so, daß sie tagelang so dagesessen oder gelegen wäre, mit nichts weiter beschäftigt als mit Schauen und Nachdenken. Sie war nicht müßig, das gewiß nicht, sie mußte nur immer wieder Pausen einschieben, was mit ihrer Art zu arbeiten zusammenhing, rasch und so angestrengt wie möglich, bis zur sich ankündigenden Erschöpfung und dann wiederum eine Zeitlang nichts, nichts als das Verlangen, sich zu entspannen, sich jeder Art von Bewegung zu enthalten, nicht gequält zu werden von Wünschen und Bedürfnissen.

Sie war sicher, daß sie dieses Alleinsein tagsüber brauchte, daß es nötig war, um das Gleichgewicht wiederherzustellen, daß es sie zu sich kommen ließ, nach den Abenden und Wochenenden voller Leute, Leute, zwischen denen sie durchging, um Erlaubnis für ihren Weg bittend, und hinter deren

Rücken sie sich, wenn es irgendwie ging, an die Wand lehnte, sie beobachtend mit einer an Abscheu grenzenden Betroffenheit, empört über die Selbstverständlichkeit, mit der sie sich der von ihr ausgesuchten und an ihren Platz gestellten Gegenstände bemächtigten, Tische, Stühle und Betten verrückten, die von ihr hergestellte Anordnung der Dinge zerstörten.

Manchmal gelang es ihr, wenn sie etwas getrunken hatte, all das, was sich in ihr sperrte, zu durchbrechen und sich auf ein Gespräch einzulassen, nicht nur das, Gespräche zu provozieren, ja es sogar mit Witzen zu versuchen, aber bald danach, wenn die anderen es mit über freundlichen Blicken hochgezogenen Augenbrauen zur Kenntnis genommen hatten, als wollten sie zueinander ‚na also' sagen, verloren sie wieder das Interesse an ihr, an dem, worüber sie mit ihnen sprechen wollte, meist war es Kunst oder Literatur, und kehrten zu ihren eigenen Themen zurück, Fragen des täglichen Lebens, bei denen sie alle mitreden konnten, Erfahrung hatten, jawohl Erfahrung, darauf schien es anzukommen, denn selbst wenn sie noch weiter ging und versuchte, auch dabei mitzureden, hörten sie ihr zu, solange es die Höflichkeit erforderte, aber keinen Augenblick länger, als man jemandem zuhören muß, der davon redet, wie er sich etwas vorstellt, anstatt davon, wie etwas ist.

Zwischendurch ging sie dann manchmal hinaus, in Tränen ausbrechend noch bevor sie die Badezimmertür erreicht hatte, was die anderen, so sie es überhaupt merkten, als Nervenschwäche oder als Anfälle von Heimweh, wie sie es nannten, aus-

legten, und eine Änderung dieses Zustands von der ohnehin vergehenden Zeit erwarteten.
Doch es war nicht F., die Stadt aus der sie kam, nach der sie sich zurücksehnte. Sie ertappte sich nur manchmal dabei, wie sie die früheren Verhältnisse, ihre besonderen Lebensumstände als Maßstab an alles nicht Erreichte, allein im Anderssein Steckengebliebene, an ihr Enttäuschtsein legte. Und es kam vor, daß sie in Selbstgesprächen ihrem Groll mit Sätzen Herr zu werden suchte, die darauf hinausliefen, daß ihr das in F. nicht hätte passieren können, daß sie sich einer gewissen Art von Demütigung in F. nicht hätte aussetzen müssen, daß sie sich in F. mit gestärktem Rücken dies oder jenes nicht würde gefallenlassen müssen, daß in F. eben doch alles anders war. Wenn sie dann wieder mehr eins mit sich war, berührte es sie seltsam, ja geradezu lächerlich kam es ihr dann vor, daß ausgerechnet sie, die sie sich für ausgesprochen unkonventionell hielt, Worte wie ‚die primitivsten Regeln der Höflichkeit' oder auch ‚nur einen Schimmer von Benehmen' ins Spiel brachte, und sie tröstete sich damit, daß sie nicht eigentlich das meinte, was man allgemein darunter versteht und was einem dementsprechend verleidet ist, daß es ihr vielmehr um die kleinen, von der Zuneigung bedingten Gesten ging, die ein Zusammenleben erleichterten und die sie daher so schätzte und vermißte. Es kam selten dazu, daß sie diese Worte auch wirklich in den Mund nahm, wie die meisten ihrer Versuche, sich zu wehren, stumm vor sich gingen. Als hindere sie eine bestimmte Art von Schamgefühl daran, das, was immer wieder in ihr

umging, laut zu sagen, oder war es doch die Angst, mißverstanden zu werden und sich ein für allemale bloßzustellen.

Und sie nahm sich vor, es ihnen mit gleicher Münze heimzuzahlen, sich Gehör zu verschaffen, wenn sie etwas zu sagen hatte. Und wenn Alex oder die anderen ihr vorwarfen, daß sie alles zu genau oder zu schwer nähme, wollte sie ‚ihr Flaschenköpfe' sagen, ‚wovon habt ihr schon eine Ahnung', und ein wenig mit Hans, dem Bruder von Alex, flirten, nicht weil er ihr sympathisch, sondern weil er dafür am empfänglichsten war, und es gewiß keiner großen Anstrengung bedurfte, damit die ganze Familie durcheinanderzubringen. Es kam aber doch nie dazu, nicht weil sie etwa moralische Bedenken gehabt hätte, eher weil ihr der Erfolg, den sie sich davon versprach, zu gering war.

Manchmal bekam sie Besuch von Leuten, die wie sie aus F. stammten, die denselben Akzent hatten und sich so gaben, wie sie es anscheinend von den anderen erwartete. Sie zeigte jedesmal große Freude über diese Besuche, besonders wenn es alte Bekannte oder gar Freunde waren, sie blühte sichtlich auf, solange sie mit ihnen zusammen war, verweigerte aber jede der Wahrheit entsprechende Auskunft, sobald sie vertraulich gefragt wurde, wie es ihr denn erginge in W., ob sie sich schon daran gewöhnt hätte unter doch so anderen Leuten zu leben, und ob sie sich nicht manchmal zurücksehne. Zu Hause würde sie niemand so recht verstehen können, doch sei es schließlich ihre Sache – wenn sie mit den erwarteten Informationen nicht heraus-

rückte – man hoffe nur, daß sie sich wirklich so wohl fühle, wie sie es von sich behaupte.
Einmal hatte sie den Fehler begangen, sie war immer mehr davon überzeugt, daß es ein Fehler gewesen war, ihrer Freundin Mia, die sie noch aus der Kinderzeit kannte, von den Erstickungsanfällen zu erzählen, die sie besonders nach vorhergehendem ‚grundlosem' Weinen quälten und die ihrer Meinung nach die Ursache dafür seien, daß sie von Zeit zu Zeit das Gefühl habe, es nicht mehr aushalten zu können, daß es immer schlimmer anstatt besser würde und daß sie schon lange nicht mehr davon überzeugt wäre, daß dieses ‚in-Kauf-nehmen' einen Sinn hatte.
Als jedoch Mia, die sich sehr verständnisvoll zeigte, ihr dazu raten wollte, sich von Alex zu trennen und in ihr früheres Leben zurückzukehren oder überhaupt etwas Neues anzufangen, wurde sie von einer Panik ergriffen, die sie das Gespräch so rasch wie möglich beenden und den weiteren Kontakt mit Mia meiden ließ. Der Gedanke an eine wirkliche Trennung erschreckte sie durch seinen Anstrich von Endgültigkeit dermaßen, daß sich weder der Trost des Trotzes, noch das Hochgefühl des sich Verweigerns einstellen wollten und nur die Angst vor jedem, wie auch immer gearteten Entschluß blieb. Sie hatte es sich zu oft und zu genau vorgestellt, wie es sein würde, wenn sie auf und davon ging, als daß sie an diesen Trumpf ohne die heftigsten Emotionen, geschweige denn gelassen, hätte denken können.
Soweit man ihr freie Hand ließ, hatte sie das Haus nach ihren Vorstellungen eingerichtet. Mit

großer Beharrlichkeit hatte sie einen Großteil der Zeit, die sie tagsüber allein war, dazu verwendet, die Dinge von einem Platz an den anderen zu rücken, sie so im Raum zu verteilen, daß sie ihren Blick mit Befriedigung darauf ruhen lassen konnte. Sie hatte ein gutes Gefühl für die Notwendigkeit von Zwischenräumen, was ihr vor allem in ihrem Beruf als Graphikerin zustatten kam, und sie stellte einen Gegenstand meist so auf, daß man ihn in Ruhe betrachten konnte, ohne daß der Blick durch einen weiteren, zu nahe gerückten, irritiert wurde.

Es verdroß sie nicht, sobald die anderen fort waren, damit anzufangen, ihre Spuren zu verwischen, so daß das Haus wieder wirkte, als seien sie nie dagewesen. Das war mitunter eine anstrengende Arbeit, aber sie verrichtete sie mit Erleichterung, so als erhole sie sich dabei von unbekannten Strapazen. Und das obwohl sie Schränke verstellte, Schreibtische verrückte und Betten, die nicht ständig gebraucht wurden, wieder auseinandernahm und ihre Bestandteile auf den Dachboden trug, worüber Alex sich jedesmal ärgerte, denn es dauerte meist nicht lang, und die Betten mußten wieder vom Dachboden herunter getragen und zusammengesetzt werden, wenn der nächste Bekannte, Verwandte oder Gast die Einladung, die Nacht im Haus zu verbringen, annahm.

In der ersten Zeit, als sie noch ernsthaft versucht hatte, sich anzupassen, und das Interesse der anderen an ihr auch noch groß genug war, hatte sie oft mit ihnen darüber gesprochen, wie sie sich Wohnen im allgemeinen vorstelle, und das mit echtem Enthusiasmus und etwas beinahe Missionarischem in der Stimme. Sie hatte versucht, die anderen dafür zu interessieren, sie zu Vorschlägen zu ermuntern, bei deren Entkräftung sie dann ihre eigenen Ideen hätte vorbringen können. Vielleicht lag es an W., dem besonderen Charakter dieser Stadt und ihrer Einstellung zum Wohnen an sich oder nur daran, daß sie damit angefangen hatte und man nicht gewillt war, ihr zuzugestehen, daß auch sie brauchbare Ideen haben konnte, jedenfalls gab sie es bald wieder auf, über dieses von ihr bevorzugte Gesprächsthema zu reden oder auch nur danach zu fragen, wie und ob es den anderen gefiel, wenn sie im Haus etwas umgestellt hatte. Und man ließ sie auch, wie sie annahm mehr aus Gleichgültigkeit, denn als Zugeständnis, im Großen und Ganzen gewähren, hatte aber auch nicht die geringste Scheu, ihre Konzeption immer wieder zu zerstören, wenn es die Anzahl der Gäste erforderte.

Manchmal, wenn Alex in der Stadt geblieben war oder mit seinen Eltern, dem Bruder und Gästen auf der Veranda saß, trank und redete, während sie aus echter oder vorgeschützter Müdigkeit bereits zu Bett gegangen war, wachte sie wieder auf und spürte, wie der Haß in ihr zu glimmen begann, Haß als Stauung ihres hin und her gewendeten Grolls, der keine Möglichkeit zu einem Ausbruch fand, genausowenig, wie ihre bis ins Kleinste vorbereiteten Angriffe, die auszuführen sie kaum je Gelegenheit fand. Wenn Alex dann gut gelaunt und voller Begierde schließlich nach oben kam und im Dunkeln mit den Händen nach ihrem Körper tappte, verweigerte sie sich ihm, indem sie sich schlafend stellte und sich immer tiefer in ihre Müdigkeit eingrub, bis er von ihr abließ, sich auf die Seite drehte und vor Wein und echter Müdigkeit sogleich einschlief, während sie noch lange hellwach dalag und sich genau überlegte, was sie ihm bei der nächsten sich bietenden Gelegenheit sagen würde.

Es kam aber auch vor, daß sie nachts erwachte und das Bewußtsein, allein zu sein, ihr die Tränen auftrieb. Eine große Sehnsucht kam über sie, und sie glaubte den Sinn einer Sache darin zu sehen, daß es Probleme gab, die man meistern mußte, daß gerade die Unterschiedlichkeit von Alex und ihr und die vielen Reibflächen, die sich daraus ergaben, so stark waren, daß sie einander nie gleichgültig werden konnten, und sie schwor sich, den nächsten Tag anders anzufangen, sich deutlicher zu bemühen, nicht bloß um die Sympathien der anderen, die anscheinend unumgänglich waren, sondern vor allem darum, Alex zu zeigen, daß sie den besten Willen hatte. Vielleicht gelang es ihr dann, die anderen wenigstens um ein Geringes wieder zu verdrängen.

Sie liebte den Garten wirklich. Es war keiner jener frucht- und blütenüberladenen Vorstadtgärten mit englischem Rasen und künstlichem Alpengarten, wie sie besonders in der Umgebung von W. üblich sind, sondern eher ein Garten, wie man ihn manchmal auf dem Land noch findet, wo Raum keine Rolle spielt, mit ein paar Bäumen, einer, da nicht systematisch gepflegt, wild überwucherten Laube

und Beeten mit verschiedenen Schnittblumen, ansonsten nur vereinzelte Dahlienstöcke, ein paar Sonnenblumen und die Reste von Beerenhecken die gemauerte Abgrenzung hinterm Haus entlang, wo sich auch das Küchengärtchen befand.
Es war eher so, als hätte immer wieder jemand damit angefangen, den Garten neu zu planen, doch schienen all diese Pläne nie so recht zur Ausführung gelangt zu sein und so wuchs, was die Kraft zum Wachsen hatte, ziemlich willkürlich an dem Ort, wohin der Wind seinen Samen getragen oder eine Hand seine Wurzeln gesetzt hatte. Es gefiel ihr so wie es war, und sie verrichtete an Gartenarbeit nur das Allernotwendigste, beschränkte sich darauf, dem Wachstum die offensichtlichen Hindernisse aus dem Weg zu räumen und war froh darüber, daß die anderen nur hin und wieder, wenn es warm genug war und sie im Freien saßen, Bemerkungen darüber machten, daß der Garten anfange zu verwildern. Sie ließ sie eine Zeitlang reden und bemerkte dann wie nebenbei, daß sich das ändern ließe, wenn jemand bereit wäre, ihr bei der Gartenarbeit zu helfen, worauf die Vorschläge zur Veränderung des Gartens nur mehr in Gesprächspausen, die mit nichts anderem zu füllen waren, auftauchten, aber gleich darauf wieder in Vergessenheit gerieten.
Der Garten war so ziemlich das einzige, zu dessen Gunsten sie eine funktionierende Strategie entwikkelt hatte, indem sie die anderen vollkommen richtig einschätzte und sich so verhielt, daß nie jemand wirklich auf die Idee kam, den Garten zu verändern. Und sie wünschte sich oft, es möge ihr

auch in anderen Dingen glücken, ihre Wünsche und Vorstellungen so geschickt zu bemänteln, daß deren Erfüllung unbewußt geschah und nicht als Geschenk an sie aufgefaßt werden konnte. Und selbst in Augenblicken, in denen sie völlig an sich verzweifelte, hielt sie sich den Garten vor Augen, redete sich ein, daß sie es in dieser Hinsicht ja auch geschafft hatte, ihren Willen durchzusetzen, warum also nicht auch in anderer, galt es doch nur die Lage richtig einzuschätzen und sich nicht durch Mutlosigkeit aus der Fassung bringen zu lassen.

Ihr Wunsch von Alex fortzugehen und alles zurückzulassen, unterlag zum Teil physischen Gesetzen und war an zeitliche Perioden gebunden. Am stärksten empfand sie ihn in den ersten Tagen nach der jeweiligen Regel, wenn sie sicher sein konnte, nicht schwanger zu sein, und die Möglichkeit, die Brücken hinter sich abzubrechen und neu anzufangen, für ihre Begriffe am besten gegeben war. Es hätte, wie sie sich einbildete, in diesen Tagen nur des auslösenden Funkens bedurft, und sie hätte sich zu dem Entschluß, wahrscheinlich auch zur Tat durchgerungen. Seltsamerweise verlief aber gerade in jenen Tagen ihr Zusammenleben auf eine eher freundliche Weise, so daß sie wiederum daran zu glauben begann, keinen echten Grund für ihr Davongehen zu haben.

Gegen Mitte des Monats hin lagen dann der ihr schon schamlos vorkommende Wunsch nach einem Kind mit der Angst vor einer Schwangerschaft, die sie in ihrer Entschlußkraft hemmen würde, mitein-

ander in Widerstreit, während die Regel selbst sowohl Erleichterung über das Noch-einmal-davongekommen-Sein, als auch Enttäuschung über die ausgebliebene Empfängnis brachte und somit oft Anlaß zur Niedergeschlagenheit war.
Alex hingegen, das wußte sie, war überzeugt davon, daß ihr alles in allem nur das Kind fehle, durch welches sie ihm erst richtig angehören würde, und halb glaubte sie es auch, jedoch nur halb und die andere Seite sah so aus, daß sie meinte, sich dadurch nur noch mehr in ihre widersprüchliche Situation zu verstricken, und das Kind womöglich Belastungen ausgesetzt sein würde, unter denen es unverschuldet zu leiden hätte. Während sie doch wiederum der Gedanke bestach, durch das Kind nicht nur vor ihm und vor den anderen anders dazustehen, sondern vor allem einen Menschen zu haben, der in erster Linie ihr angehörte, mit dem sie, wenn auch anfänglich nur auf primitive Weise, Zwiesprache würde halten können, und sie malte sich dann ein Verhältnis aus, das nichts von Zwang an sich hatte, sondern sich aus Ähnlichkeit und ständiger Nähe ergab.

Eine Zeitlang hatte sie vorgehabt, in der Stadt ein eigenes Atelier zu mieten, es wie Alex, dessen Bruder und die Eltern zu machen, indem sie morgens in die Stadt und abends sowie an den Wochenenden wieder nach Hause fuhr, aber es war ihr nicht so recht gelungen, mit ihrer Arbeit in W. Fuß zu fassen. Vielleicht lag es an dem Geschmack, der in W. vorherrschte und dem sie sich nicht anpassen konnte, daß sie, obwohl sie in F. auf dem besten Weg gewesen war, Erfolg zu haben, in W. nicht ankam. Sie gab sich ernsthaft Mühe, hatte es auch zu einigen Aufträgen für die Werbung gebracht, die sie mit größter Gewissenhaftigkeit während der Zeit, in der sie allein zu Hause war, ausführte, aber von einem Durchbruch konnte keine Rede sein. Es tröstete sie ein wenig, daß sie aus F. von früher her noch ein paar Kunden hatte, die weder Porto noch teure Telefongespräche scheuten, um von ihr arbeiten zu lassen, aber um daraus ein Geschäft zu machen, hätte sie schon nach F. zurückgehen müssen, darüber gab sie sich keiner Täuschung hin.

Es fehlte auch nicht an Bekannten, die ihr zu diesem Schritt rieten, die meinten, es sei schade um sie und den guten Start, den sie seinerzeit in F. und in ihrer Branche gehabt hatte, so etwas sei nicht einem jeden gegeben, aber sie hörte nie auf sie. Natürlich schmeichelte es ihr, solcherart geradezu umworben zu werden, und sie versuchte, sich mit Andeutungen und vagen Zusagen, die jedoch niemand ernst nahm, aus der Affäre zu ziehen, so als wolle sie sich alle Möglichkeiten offen lassen. Trotzdem beschäftigte sie jede Antwort, die sie gab, lange und führte zu neuen Erwägungen.

Manchmal, wenn sie im Garten, in der fast zugewachsenen Laube saß, überkam es sie, und sie stellte sich Männer mit vor Begierde geschwollenen Mündern und dicken, steifen Geschlechtsorganen vor, die es prallbrüstigen Frauen mit zurückgezogenen Schamlippen und über den geschlossenen Zähnen geöffnetem Mund, besorgten, Frauen, die ständig die Beine gespreizt hielten, wie sie es von pornographischen Bildern her kannte und wenn sie sich dann Befriedigung verschafft hatte oder die Erregung durch Überhitzung der Vorstellungskraft ermattet, von selbst abgeklungen war, fing sie wieder an, sich den Traum eines Lebens auszudenken, wie sie es in ihrer frühen Jugend fast täglich getan hatte, nur daß die jetzigen Träume weniger idealisiert, dafür umso diffiziler und einer erreichbaren Wirklichkeit ähnlich ausfielen, so unwahrscheinlich sie auch waren. Da ihre Übung immer größer wurde und sie immer mehr Einzelheiten bedachte, gelang es ihr manchmal, für Stunden in so einem Traum zu leben, mit einer Intensität, die an die der Wirklichkeit heranreichte. Sie trennte sich jedesmal nur schwer und mit allen Anzeichen echter Erschöpfung, und was sie selbst erstaunte, war, daß sie sich an viele dieser Träume wie an reale Ereignisse erinnerte und die jeweiligen Personen denen der Wirklichkeit in ihrem Gedächtnis so gut wie gleich galten. Oft genügte jemand, den sie nur flüchtig kannte, als Auslöser für ein solches Traumerlebnis und dieses bestimmte Gesicht erhob sich über alle übrigen und wurde für die Dauer des Traums zum Angelpunkt eines ganzen Lebens, das sich auf einer so überhöhten Ebene abspielte, daß trotz aller Wirklichkeitsvortäuschung oder gerade deshalb, das Traumwesen des Betreffenden seinem wirklichen lange Zeit im Wege stand, wenn sie den Betreffenden, provoziert durch gesteigertes Interesse, dann näher kennenlernte und die Wirklichkeit zur Verdrängung des Traumbildes zu unergiebig war. Sie hütete diese Wesen ihrer Träume wie Helden, wenn schon nicht erlebter, so doch erinnerbarer Abenteuer, in denen sie selbst das Ziel aller Zuneigung gewesen war.

Es hatte sich alles sehr verlockend angehört. Sie hatten, bevor sie das Haus gekauft und hierher gezogen waren, beschlossen, für die Eltern ein eigenes Zimmer herzurichten und den Bruder überhaupt zum Wohnen dazubehalten und all die anderen, die Freunde und Bekannten, aber auch der andere Bruder und die Schwester mit dem Mann und den Kindern sollten so oft wie möglich zu Besuch kommen und, wenn es sich so ergab, übernachten können. Sie wollten gastfrei sein, ein Haus voller Leute haben und nicht in den Fehler verfallen, den ihrer Meinung nach die meisten begingen, wenn sie sich weiter draußen ein Haus kauften, nämlich daß sie sich selbst isolierten, daß sie sich einsam und von allem abgeschnitten vorkamen. Nicht daß sie besonders wohlhabend gewesen wären, das weiß Gott nicht, aber es kam nicht darauf an, daß man jedesmal Festmähler gab, eher darauf, daß genügend Platz vorhanden war, sich mit einer Flasche Wein und ein paar Schmalzbroten, wie sie zu sagen pflegten, auf die Veranda oder in den Garten zu setzen. Daß die Nachbarn weit genug weg waren, um nicht nach zehn an die Wand zu klopfen, wenn der Plattenspieler noch lief, oder jemand laut und herzlich lachte.

Es war wie eine große Verheißung gewesen als es anfing, und als sie die ersten Feste feierten, hatte

sie wirklich gedacht, daß es so bleiben sollte, daß es genau so und nicht anders richtig war.
Sie hatte nicht geglaubt, daß sie den Spaß an diesen gemeinsamen Unterhaltungen so rasch verlieren würde, daß sie sogar Alex dafür würde hassen können, daß er imstande war, immer wieder dieselben Geschichten zu erzählen, über dieselben Dinge zu lachen und dasselbe Gesicht zu machen, wenn ihm eine Geschichte oder ein Witz zum fünftenmal erzählt wurde. Sie hatte nie geglaubt, daß das Gleichgewicht sich so schnell verlagern würde zugunsten der anderen, daß sie sosehr eine Fremde bleiben würde. Vielleicht hatte sie wirklich nicht alles unternommen, um den anderen vertrauter zu werden, man war ihr aber auch nicht entgegengekommen. Und manchmal sah es so aus, als ertrüge und dulde man sie einzig aus dem Grund, weil sie zu ihm gehörte, wobei das Ertragen und Dulden nichts mit Erleiden zu tun hatte oder wenn, dann nur im Sinne von passivem Hinnehmen, daß es sie gab, daß sie anwesend war.
Sie brauchte diese Tage, an denen sie allein zu Hause war, sie brauchte sie, wie sie sich immer wieder versicherte, so sehr, daß es ihr körperliches Unbehagen bereitete, wenn einmal jemand von den anderen oder auch Alex selbst, aus irgendeinem Grund tagsüber zu Hause blieb, nicht weil sie dadurch etwa mehr Arbeit hatte, sondern weil der ritualisierte Ablauf ihres Alleinseins dadurch gestört wurde, das Einzige, woran sie sich halten konnte, auch in Zeiten, in denen sie sich so verlassen vorkam, daß es ihr nicht einmal einfiel zu fliehen, sie hätte nicht gewußt, zu wem.

Ihr Sinn für äußere Ordnung hatte zuweilen krankhafte Züge an sich, die Genauigkeit, mit der sie darauf achtete, daß die Dinge im rechten Verhältnis zueinander standen und nicht willkürlich ausgetauscht werden konnten, da sie gerade an dem Platz, an dem sie standen, ihre Funktion am besten erfüllten, die Qualen, die sie litt, wenn diese Ordnung von irgendjemandem zerstört worden war und sie nicht rechtzeitig dazukam, sie wiederherzustellen, dies alles diente dazu, die Konfusion, die in ihr herrschte, zu beschwichtigen, sie zumindest so weit in den Griff zu bekommen, daß sie nicht nach außen hin sichtbar wurde und die andern zur Reaktion zwang.

Ein Kamm, der nur unachtsam in eine Bürste gesteckt worden war und in dem womöglich noch Haare hingen, konnte in ihr ein dumpfes Erschrecken auslösen, ein Erschrecken darüber, daß sie es nicht schon früher bemerkt hatte, daß überhaupt jemand imstande war, Dinge so aus der Hand zu legen.

Sie verbrachte viel Zeit damit, ihren Körper, ihr Haar, ihre Haut und ihre Nägel zu pflegen, was sowohl Alex als auch die anderen an ihr zu schätzen wußten, und sie verwendete viel Sorgfalt auf die Wahl ihres Parfums und ihrer Augenschminke. Ein ums Nagelbett eingerissenes Stückchen Haut konnte sie, obwohl sie es sofort abschnitt, tagelang irritieren, und sobald sie ihr Arbeitszimmer betrat, streifte sie einen blauen Leinenkittel über, um sich nicht mit Tusche oder Farbe zu beflecken.

Die Arbeit selbst ging ihr rasch, beinah unbeschwert von der Hand, was zum Teil daran lag, daß die

Forderungen an ihr Können zu niedrig gehalten waren. Sie arbeitete gerne, weil sie dabei von sich abgehen und sich einer Sache zuwenden konnte, die außerhalb ihrer selbst lag. Doch sie blieb an den jeweiligen Auftrag gebunden, führte ihn auch aus, in der Überzeugung etwas Nützliches, Verlangtes zu machen, doch gelang es ihr immer seltener, selbständig weiterzuarbeiten, sich etwas einfallen zu lassen, wonach im Augenblick kein Bedarf war. Sie hatte noch in F. eine Reihe von Entwürfen für Kinderbücher gemacht, zu denen sie sich auch die Texte selbst schrieb, und sie hatte den ‚Klein Zaches' illustriert, eine Arbeit, die beinah gedruckt worden wäre, jedenfalls erhielt sie von den Leuten, die ihre Arbeiten kannten, viel Lob dafür. Sie hatte sich lange damit herumgeschlagen, eine eigene Figur zu schaffen, nicht nur eine Zeichenschablone, sondern eine Figur wie Micky Maus oder Snoopy, die man auf der ganzen Welt kannte, die unverwechselbar war. Daran dachte sie schon kaum mehr, nachdem die letzten Versuche, die sie bereits hier gemacht hatte, ohne fertig zu sein, in den Papierkorb gegangen waren. Sie glaubte nicht mehr daran, daß es ihr gelingen würde und um zumindest ein Mindestmaß an Befriedigung aus ihrer Arbeit zu ziehen, machte sie lieber die paar Auftragsarbeiten, die außer sauberer Ausführung nicht viel mehr von ihr verlangten.

Sie war im Garten gesessen mit einem der Bände des ‚Herrn der Ringe' von Tolkien, die sie alle drei zu ihrer Lieblingslektüre zählte. Sie liebte Bücher dieser Art, die phantastischen Kosmologien mit all den menschenähnlichen Wesen, die aber doch anders waren, die Welten, die in anderen Farben neu erschaffen wurden und in ihr eine Gelöstheit vorbereiteten, die nicht selten zu einem ihrer großen Träume vom Leben in einer Art, die ihr gemäß schien, überleiteten.

Sie saß da, das Buch noch in der Hand, mit angezogenen Beinen, den Kopf gegen die Knie gelehnt, und ihr Blick fiel auf den Mann, der mit bloßem Oberkörper im Nachbargarten – sie konnte ihn nur durch einen Zwischenraum in der Zaunhecke sehen – den Rasen mähte. Es war nicht der Besitzer des Hauses, den kannte sie vom Sehen, sondern jemand Fremder, der diese Arbeit für Geld verrichtete. Sie beobachtete, wie der Mann, dessen Muskeln vom Geräusch des Motors vibrierten, von Zeit zu Zeit die Hand vom Griff des Rasenmähers löste, um damit eine Fliege oder eine Gelse zu verscheuchen, die sich trotz des Lärms und der Bewegung an seinem Körper festgesaugt hatte.

Als der Mann die ganze Länge des nachbarlichen Grundstücks zweimal durchschritten hatte, streikte der Rasenmäher und sein Geräusch erstarb nur wenige Meter vor dem Gartenzaun. Der Mann blieb stehen, bückte sich, um nachzusehen, was dem Motor fehle, und als er sich wieder aufrichtete, konnte sie sein Gesicht sehen, ohne daß er sie zu bemerken schien. Ihr gefiel dieses Gesicht, das nun – anscheinend hatte er den Fehler nicht finden können – einen eher verdrossenen Ausdruck angenommen hatte, und sie versuchte, es sich einzuprägen.

Sie hatte sich in die Hängematte gelegt, den Arm

unter den Kopf geschoben und in den Himmel geschaut, als sich die Hecke des Zauns teilte und eine Hand, die sie zur Seite schob, sowie das Gesicht des Mannes erschien.
Guten Tag, sagte der Mann, haben Sie vielleicht eine Ahnung von Rasenmähern? In diesem Augenblick mußten sie bereits beide lachen, und sie richtete sich in der Hängematte auf. An seiner Aussprache war ihr aufgefallen, daß er ebenfalls aus F. und Umgebung kommen mußte, wie sie, und als sie danach fragte, bestätigte er ihre Vermutung.
Auf welche Weise sind Sie hierhergekommen? wollte er wissen, und dann tauschten sie Stücke ihrer Lebensgeschichten aus, kleine, nur damit sie ungefähr wußten, woran sie waren. Er war zum Studium hierhergekommen und verdiente nebenbei Geld, indem er fremder Leute Rasen mähte. Es sei bereits sein zweites Studium, daher wäre er auch nicht mehr ganz so jung, sagte er, und sie mußten wieder beide lachen.
Ich verstehe nicht viel von Rasenmähern, sagte sie, aber vielleicht . . . und in diesem Augenblick bückte sich der Mann wie vom Blitz der Erleuchtung getroffen und sagte: aber natürlich, warum ich darauf nicht schon längst gekommen bin . . .
Da sie sozusagen Landsleute waren, fand sie nichts dabei, ihn für nachher, wenn er den Rasen gemäht haben würde, zum Kaffee einzuladen. Sie würden sich ein wenig unterhalten, vielleicht auf gemeinsame Bekannte stoßen.
Gerne, sagte er, er würde in etwa einer halben Stunde 'rüberkommen.
Sie lief mehr als sie ging ins Haus, stellte sich

unter die Dusche, und nachdem sie die Augenschminke erneuert hatte, begann sie auf der offenen Veranda den Kaffeetisch zu decken, schließlich konnte jeder sehen, daß sie Besuch hatte, was sollte es da zu verbergen geben.
Ich hasse Rasen, sagte der Mann, als er dann herüberkam. Sie haben noch eine richtige Wiese. Ich bin sicher, daß es sich darauf genausogut liegt wie auf diesen frisierten Grashalmen.
Sie setzten sich und ihr fiel auf, daß er eine fast unbehaarte, glatte, leicht bräunliche Haut hatte und lange, schmale Hände, die alles mit Bedacht anfaßten, als wäre ihr Tastsinn so überempfindlich und funktionierte wie eine Alarmanlage, so daß es ihnen gar nicht möglich war, etwas unbewußt zu berühren.
Sie sprachen über F., fanden auch wirklich den ein oder anderen gemeinsamen Bekannten, bis sie auf seine Hände zu starren begann, diese übersensiblen Hände, die plötzlich auf ihren Armen lagen, und deren Fingerkuppen auf der empfindlichen Haut der Innenseite ihres Unterarms hin und her strichen. Nach einer Weile wagte sie es doch, den Blick zu heben und dem seinen zu begegnen. Ihr war klar, daß in diesem Moment etwas Unwiederholbares geschehen war, etwas, das sie und diesen Mann im Innersten betraf, und atemlos wartete sie darauf, daß er den Übergriff wagte, daß es zu einer Vereinigung kam, in der sie sich zur Gänze auflösen würde. Und als sie einer den Blick des anderen nicht mehr ertragen konnten, glitten seine Hände an ihren Armen empor, strichen über ihre unter dem Kleid hervorkragenden, nackten Schul-

tern und schlossen sich mit unendlicher Sanftheit um ihren Hals, weich und trocken, daß es ihr langsam und auf ungemein lustvolle Art den Atem nahm . . .
Sie lag in der Hängematte, den Arm unter den Kopf geschoben und schaute noch immer in den Himmel, mit schmerzenden Augen und einem Gefühl der Erschöpfung, aber auch des Glücks, daß ihr die Vergegenwärtigung so gut gelungen war, und sie wußte, daß sie nun kurze Zeit schlafen würde, wobei sich vielleicht auch im Schlaftraum ihr Erlebnis weiterspann, und sie mit noch größerer Befriedigung erwachen würde.

Es gab Tage, an denen es oft recht gut ging zwischen ihr und Alex, wenn er nach Hause kam, und sie sich mit gelöstem Lächeln von ihm küssen ließ, als freue sie sich darüber, wie über ein Geschenk, ohne daß sich daran weitere Forderungen knüpften. Und wenn sie den Abend allein miteinander blieben, fingen sie wieder an, miteinander zu reden, über ihren Tag und ihr Leben. Sie tranken etwas, nahmen von Zeit zu Zeit einer das Gesicht des anderen in die Hände, beschworen, daß alles gut werden würde, schoben die Schuld auf alles mögliche, beschlossen und waren auch besten Willens dazu, sich und die Umstände zu ändern, alles, nur sich und ihr Zusammenleben nicht aufs Spiel zu setzen. Sie gingen dann erst spät zu Bett und liebten sich noch, daß es manchmal bereits hell wurde, wenn sie endlich, eng aneinandergedrückt, einschliefen. Und wenn die Umstände besonders glücklich waren, dauerte dieser Zustand nicht nur bis zum Morgen, wenn sie sich unausgeschlafen beim Frühstück gegenübersaßen, sondern mehrere Tage, an denen sie zwar keinen ihrer grundsätzlichen Vorwürfe vergessen konnte, an denen es ihr aber unbändige Lust zu bereiten schien, alles anzunehmen, auf sich zu nehmen und sich hinzugeben, ohne Rücksicht auf Gerechtigkeit, an der ihr sonst soviel lag, sondern eher mit einer Vorliebe für zu Erleidendes. Als wäre all das Quälende bisher der Preis dafür gewesen, daß es von nun an besser ging. Sie gefiel sich in einer Botmäßigkeit, die, sobald sie von ihr gefordert wurde, sie nur empören konnte, die ihr aber, freiwillig geleistet, eine Zeitlang schmeckte, zumindest so lange, wie dieser Zustand anhielt, der etwas von einem Tanz auf schalenlosen Eiern an sich hatte und durch eine kleine, ans Übliche, sich bereits Verhärtende, erinnernde Geste unterbrochen werden konnte. Vor allem wenn sie wahrnahm, wie die anderen sich seiner wieder bemächtigten, und er es zuließ, daß sie sich seiner bemächtigten, es womöglich gar nicht bemerkte und sie dadurch wieder in ihr Fremdsein zurückstieß, sie aussetzte, während die andern nur darauf gewartet zu haben schienen, sie in den Schatten zurücktreten zu sehen.

Sie blickten sich gegenseitig an und schüttelten heimlich den Kopf, wenn sie morgens singend in der Küche stand, um das Frühstück zuzubereiten und sich Alex in den Weg stellte, sobald er die Küche betrat, um sich von ihm küssen zu lassen. Und es hatte einen Beigeschmack von Prostitution für sie, wenn sie ihm, ohne Rücksicht darauf, daß jemand von den anderen sie sehen konnte, bewies,

wie sehr sie es darauf anlegte, von ihm mit Zärtlichkeiten bedacht zu werden. Aber sie kostete auch diesen Beigeschmack aus, sie genoß es, ihn stehend, während er in einem Korbstuhl saß, von hinten zu umarmen und ihr Gesicht an das seine zu pressen, während ihr langes Haar über seine Schultern fiel. Und sie nahm es auch erst viel später übel, als sich der Zustand längst wieder verflüchtigt hatte, wenn jemand von den anderen sie fragte, ob sie nun endlich in anderen Umständen wäre und wenn sie dann: weswegen? fragte, bezogen sich die anderen auf ihr Singen in der Küche und darauf, daß sie aufgeblüht sei in den letzten Tagen.
Aber diese Zeiten sichtlichen Einvernehmens und der daraus entspringenden Wärme und Lockerheit hielten nie an, und sie spürte, wie Alex ihr wieder entglitt, sich den anderen zuwandte, weder Zeit noch Lust hatte, sich mit dem, was sie die Probleme ihres gemeinsamen Lebens nannte, zu befassen. Und bald hatte alle Kraft sie wieder verlassen und sie kämpfte allabendlich mit den Tränen, wenn sie ihn inmitten der anderen sitzen sah, ganz der Unterhaltung hingegeben, ohne auch nur Notiz von ihr zu nehmen, es sei denn auf eine joviale Art, indem er ihr einen Klaps auf den Hintern gab oder sie aufforderte, sich nicht so zu haben, sondern mitzumachen, wobei er sie zu Ende des Satzes, wie ihr schien, schon wieder vergessen hatte.
Es störte sie dann maßlos, daß er getrunken hatte und nicht mehr recht unterscheiden konnte, was er ihr vor den anderen zumuten durfte und was nicht. Und daß seine offensichtlich strahlende Laune in keinem Zusammenhang mit der ihren

stand, was umgekehrt sehr wohl der Fall war, erfüllte sie mit nachhaltiger Bitterkeit, in die sie sich immer tiefer eingrub, je mehr es den Anschein hatte, es würde nur an ihr liegen, daß sie sich absonderte und keinesfall daran, daß man sie abgesondert hatte. Sie sah das alles mit solcher Überdeutlichkeit, daß sie sich genau vorstellen konnte, was und wie die anderen über sie sprachen, wenn sie nicht da war, daß sie es darauf abgesehen hatten, sie für hysterisch gelten zu lassen.

Es hatte eine Zeit gegeben, in der sie versucht hatte, den landesüblichen Akzent zu übernehmen, in der sie sich in dem ihr fremden Tonfall von W. geübt und die Besonderheiten der Satzstellung übernommen hatte. Er und die anderen registrierten die Anpassung mit Freude und wenn Besuch kam, ließ man sie gewisse Sätze sagen, provozierte sie zu den eben gelernten Aussprüchen und hatte im allgemeinen seine Freude daran. Bis es zu einer nicht mehr bemerkten Gewohnheit geworden war und sie, da es ihr nichts mehr zu helfen schien, allmählich wieder in ihr ursprüngliches Idiom verfiel, was die anderen, so es ihnen später überhaupt noch auffiel, als Unverbesserlichkeit zur Kenntnis nahmen.

Nur wenn sie mit Alex allein am Frühstückstisch saß, und er nicht gerade in einer Zeitung blätterte oder sich Notizen für den bevorstehenden Tag machte, ertappte sie sich manchmal dabei, daß sie wieder versuchte, seine Aussprache zu übernehmen, was er meist nicht mehr bemerkte, während sie sich sozusagen dabei ertappte, es nicht mit vollem Bewußtsein zu tun.

Fast alle ihre geträumten Leben hingen mit dem Garten zusammen. Das ging so weit, daß sie, selbst wenn sie den Traum an einer Person aufhing, die sie bei einer Fahrt in die Stadt kennenlernte, sie die zweite Begegnung im Garten stattfinden ließ, auch wenn es dadurch länger dauerte, einen wahrscheinlichen und die Wirklichkeit glaubhaft vortäuschenden Übergang zu finden. Sie hatte sich des Gartens in einer Weise bemächtigt, die Alex und die anderen, ganz unbewußt berücksichtigten. Und wenn die Kinder oder sonst jemand, der gerade zu Besuch war, im Garten etwas anstellten, hieß es sofort: da wird Margret sich aber ärgern! oder: bringt das in Ordnung, bevor Margret es sieht! Dabei hatte sie nie in irgendeiner Form Besitzansprüche geltend gemacht.
Der Garten spielte eine wichtige Rolle, wenn sie ans Davongehen dachte. Sie konnte sich nicht vorstellen, je wieder einen Garten zu finden, der ihr und ihrem Leben so entsprach und selbst wenn, sie hätte nicht gewußt, wie sie sich Zutritt verschaffen, womit sie ihn erwerben sollte.

Alex hatte sie am Nachmittag von der Stadt aus angerufen und sie gefragt, ob sie nicht Lust hätte, nachzukommen. Er sei von jemandem eingeladen worden, dem er nicht absagen konnte, sie wären dort und dort, sie würde das Lokal ganz leicht finden. Sie aber stand da am anderen Ende der Leitung und konnte sich nichts darunter vorstellen, hatte Angst vor den Leuten, die sie, wie sie betonte, gar nicht kannte und außerdem wäre das Kleid, das einzige, das dafür in Frage kam, er

wisse schon welches, in der Putzerei, und beim Friseur sei sie auch schon zu lange nicht gewesen, es bliebe auch keine Zeit mehr, das Haar selbst zu waschen und einzulegen und überhaupt hätte sie schon was zum Essen vorbereitet, das sonst verdürbe, aber er, Alex, solle nur bleiben, wenn es ihm Spaß mache, es mache ihr wirklich nichts aus.
In Wahrheit war sie stundenlang im Garten gesessen und hatte sich nur nicht losreißen können von ihrer laubenhaften Einsamkeit, in der sie sich geborgen und vor den prüfenden Blicken Fremder sicher fühlte, und die Vorstellung, nun in ein Lokal zu gehen, in dem Alex nicht allein, sondern umgeben von Fremden, dasaß und sie auf eine Weise mit den anderen bekanntmachen würde, die bereits im voraus dafür um Entschuldigung bat, daß sie nicht so war wie die anderen, sie lobend, als bedürfe sie des Schutzes, den ein solches Lob gewährt, des Schutzes, weil sie schwach und mangelhaft war.
Und sie redete sich ein, daß es ihr nichts ausmache, als er spät abends nach Hause kam und kaum mehr etwas erzählte, weil er zu müde war, wie er sagte, und sie drang auch nicht in ihn, weil sie doch die Verstimmung spürte, wobei sie wiederum meinte, es könne nicht weit damit her sein, er würde sie schon nicht so sehr vermißt haben und wenn doch, hätte er ja früher zu ihr nach Hause kommen können. Und als Alex dann sagte, sie hätte an diesem Abend etwas versäumt, es wäre schade, daß sie nicht dabeigewesen sei, erwiderte sie, er hätte sie eben früher verständigen müssen, sie hätte so ganz und gar nicht damit gerechnet.

Sie war nie wirklich auf den Gedanken gekommen, daß Alex sie betrügen könnte oder wenn, dann eher auf eine durch Wortspiele und Redewendungen provozierte Art, wenn sie der Banalität gewisser Situationen nachgab und Sätze aussprach wie: dann nimm dir eben eine Freundin! oder: die Freundin entlastet die Ehefrau! wobei sie keinen Augenblick daran dachte, daß es Hingesagtes dieser Art auch in Wirklichkeit geben könne.
Sie hatte ihrer beider Kampf um ein gemeinsames Leben als etwas so ihnen und nur ihnen allein Zugehöriges betrachtet, daß ihr gar nicht in den Sinn kam, es könne von dritter Seite Einfluß darauf genommen werden, zumindest nicht auf der Ebene körperlicher Beziehungen.
Sie übersah daher auch alle Anzeichen, mißdeutete sie und interpretierte sie auf sich bezogen, als hätte sie etwas falsch gemacht. Sie ließ sich nicht einmal zu Vermutungen hinreißen, selbst dann nicht, als die anderen bereits darüber zu reden begannen, und es so aussah, als leisteten sie ihr auf einmal Schützenhilfe, ohne daß sie merkte, welche Art von Krieg sie meinten.
Und als es ihr jemand mit den Worten hinterbringen wollte: gib acht, Alex hat begonnen, dich zu betrügen! fuhr sie demjenigen über den Mund und meinte, das Wort ‚betrügen' käme bei ihr in dieser Bedeutung nicht vor und außerdem hätte sie keinen besonderen Grund, daran zu glauben.
Doch da war es schon zu spät. Sie hatte versucht, vor den anderen das Gesicht zu wahren, aber in ihr selbst war dadurch etwas in Gang gekommen, das sich nicht mehr aufhalten ließ. Und je mehr sie

ihren Stolz zu Hilfe nehmen und ihre ‚unkonventionelle Art' die Dinge zu sehen, zu Rate ziehen wollte, desto größer wurden die Verzweiflung und die Verbitterung, denen sie anheimfiel. Und sie ließ ihre Erinnerung wie einen Film rückwärts ablaufen, und von Bild zu Bild steigerte sich ihr Mißtrauen und ihre Empörung, und da waren ihr eben die Augen geöffnet.

Zum erstenmal kam ihr der Gedanke, daß nicht sie es sein mußte, die davonging, daß es nicht nur von ihr abhing, daß sie und Alex zusammenblieben. Die Vorstellung, er habe nicht nur mit den anderen, die sie nun einmal zur Kenntnis hatte nehmen müssen, sondern auch mit einer anderen gelebt, während sie einsam gewesen war oder sich auf die Hoffnung beschränkt hatte, es würde einmal alles wieder besser werden zwischen ihr und Alex, ließ einen Haß in ihr aufsteigen, der an Intensität nur noch von der Angst übertroffen wurde, es könne nun wirklich zu Ende sein, ohne daß sie etwas dazu oder dagegen tun konnte, es könne ihr auch das, nämlich das Davongehen, was sie bisher als ihren letzten und größten Trumpf betrachtet hatte, aus der Hand genommen werden.

Und sie machte einen Plan, an den sie sich Schritt für Schritt halten wollte. Sie begann ihre Rolle einzuüben, je genauer, desto mehr bestärkt in dem Glauben, sie würde dann souverän bleiben und Alex mit ihren Argumenten an die Wand drücken. Es würde ihr großer Auftritt werden, und sie sah sich vor ihm stehen, in einem langen Kleid, wie sie es oft zu Hause zu tragen pflegte, stehend, an einen Türrahmen gelehnt, sie wußte selbst nicht, warum ihr der Türrahmen so wichtig war, und einfach damit anfangen, ihn fragen, so leise wie möglich, daß er vielleicht sogar: wie bitte? sagen mußte, was er denn eigentlich glaube, wie er sich das weiterhin vorstelle zwischen ihnen beiden, ob er sich noch nie Gedanken darüber gemacht habe, wie ihr so tagein tagaus zumute sei, wieviel an Anpassung er noch glaube, von ihr verlangen zu können, und ob er es denn nötig habe, auf dem bequemsten Weg aus den Problemen auszusteigen, indem er mit einer anderen schlief?

Sie begann noch mehr Wert auf ihr Äußeres zu legen als sonst, selbst ihre Kleider suchte sie nach ganz bestimmten Gesichtspunkten aus, und dann wartete sie, wartete auf den geeigneten Moment, auf das Stichwort, das sie auf die Bühne ihrer gegenseitigen Beziehungen treten und triumphieren hieß. Und sie geizte, geizte mit den Bemerkungen, die sie und auch die anderen manchmal zu machen pflegten, wenn er mit schmutzigen Schuhen ins Haus kam oder seinen nassen Schirm nicht zum Trocknen aufspannte. Sie schluckte Worte, die sich kaum noch gebildet hatten, ließ sie sich ansammeln bis zu dem großen Augenblick, von dem sie geradezu schon träumte, wie von einer bevorstehenden Erlösung von allen Übeln.

Sie hatte alle Varianten ihres großen Auftritts, auf die sie oft erst nach stundenlangem Nachdenken gekommen war, durchgespielt, Wort gegen Wort und Geste gegen Geste abwägend, und sich die jeweiligen Sätze, besser gesagt, die Fragen in ihrer genauen Reihenfolge eingeprägt. Sie wollte es nicht darauf ankommen lassen, daß sie nicht mehr weiter wußte, daß er sie mit etwas, womit sie aus ungenügender Vorbereitung nicht gerechnet hatte, aus dem Konzept brachte, dadurch Oberwasser gewann und sie mit der üblichen Schau abspeiste. Sie hatte schon mehrere Gelegenheiten vorübergehen lassen, weil sie sich ihrer selbst noch nicht sicher genug war, aber der Groll in ihr wuchs und wurde zusehends zu etwas, wie sie meinte, bereits Schöpferischem.

Irgendwann, nach einem gemeinsamen Abendessen, war es dann soweit, und sie fing aus heiterem Himmel, wie es Alex scheinen mußte, damit an, vergaß aber aufzustehen und sich gegen den Türrahmen zu lehnen, wie sie es vorgehabt hatte. Alex versuchte nur kurze Zeit zu leugnen. Sobald er merkte, daß sie zu genau Bescheid wußte, um mit Worten von einem bloßen Verdacht abgebracht zu werden, gab er es zu, tat es aber auf eine Weise ab, als hätte diese Affäre, wie er es nannte, kaum etwas mit ihr und ihm zu tun, außerdem könne er es, wenn sie das wolle, jederzeit abbrechen. Er wollte nicht einmal wissen, von wem sie es erfahren hatte. Er hätte eben eine Dummheit gemacht, diesbezüglich könne er ihre Enttäuschung verstehen, aber es läge nun an ihr, die Sache so rasch wie möglich zu vergessen, ihm selbst täte das Ganze jedenfalls leid. Doch könne er ihr den Vorwurf nicht ersparen, selbst mit daran schuld zu sein. Er wolle sich nicht besser machen als er sei, aber wenn sie bedenke, wie sehr sie sich in letzter Zeit von ihm zurückgezogen habe, wie wenig sie auf ihn eingegangen wäre und sein Leben geteilt hätte, dürfe sie sich insgesamt nicht wundern. Sicher, es war unsinnig gewesen, jedoch ohne Folgen geblieben und somit leicht aus der Welt zu schaffen.

Es liegt an dir, sagte er und griff nach ihrer Hand, als hätten sie nun genug über dieses Thema geredet, als sei es schade, sich weiter damit aufzuhalten. Man konnte zum gemütlichen Teil des Abends übergehen.

Du, sagte sie, du wagst es ... aber dann fiel ihr ganzer, so wohlüberlegter Plan in sich zusammen, und sie wußte wirklich nicht, was sie dazu noch hätte sagen sollen. Ihr war, als hätte sie bis zu den Achseln in Spülwasser gegriffen, um den Stöpsel des Abwaschbeckens zu ertasten und herauszuziehen, damit das Spülwasser abfließen konnte, dabei aber festgestellt, daß der Stöpsel nicht mehr vorhanden war, daß der Abfluß von Fett und Speiseresten so verstopft war, daß das Wasser nicht abfließen konnte.

Alex holte eine Flasche Wein aus dem Keller, was beinah die anderen angelockt hätte, da sie einen Grund zum Feiern witterten, aber wenn es darauf ankam, konnte er sich ihrer schon erwehren. Sie tranken den Wein zusammen, und er war lebhafter als sonst, wenn er mit ihr allein war, erzählte ihr lustige Geschichten, sogar Witze, so als wäre er erleichtert, daß sie es wußte, und er sich keinerlei Mühe mehr zu geben brauchte, etwas zu verheimlichen. Und sie selbst hatte sich so wenig im Griff, daß sie, nachdem durch den Wein die Starre etwas von ihr gewichen war, mit ihm lachte, als höre sie einem wildfremden Menschen zu, und sich auch nicht wehrte, als er sie später ins Bett trug, sie auszog und sich zu ihr legte. Ihr Kopf war leer, und während sie alles mit sich geschehen ließ, versuchte sie sich an etwas Bestimmtes zu erinnern, aber es wollte und wollte ihr nicht einfallen.

Es ging schon aufs Hellwerden zu, als sie mit einemmal wach war, so wach, daß an ein Einschlafen nicht mehr zu denken war. Sie konnte ihn bereits ausnehmen, wie er auf dem Rücken und schnarchend neben ihr lag, ohne auch nur zu zucken, als sie ihn kurz anstieß, um ihn zum Schweigen zu bringen. Und da fiel ihr alles wieder ein, was sie ihm hatte sagen, ihm ins Gesicht hatte schleudern wollen, ihre ganze Verlassenheit und ihr Unglücklichsein, wie sie aus ihrer Schattenhaftigkeit hatte aufsteigen wollen ins Licht des Zorns, der über ihn hätte hereinbrechen sollen, so daß er sie endlich wieder richtig wahrnahm, mit ihr als Gegner rechnete. Und sie dachte an ihre Unfähigkeit, an ihr grenzenloses Versagen, daß sie es nicht und nicht fertig brachte, sich verständlich zu machen, ihn zumindest so zu verletzen, daß er an sie denken mußte, Tag und Nacht. Daß er wach liegen und nicht mehr würde einschlafen können.

Und dann begann sie auf ihn einzuschlagen, zuerst mit flachen Händen, dann ballte sie sie zur Faust, um mehr Kraft zu haben, und sein Blick, der mit schläfriger Verstörtheit unter ihren Schlägen hervorsprang, brachte sie nur noch mehr in Raserei, und sie kniete sich auf seinen Oberkörper, um besser zuschlagen zu können, auf seinen Kopf, in sein Gesicht, wo sie ihn gerade traf, und dabei brach sie in lautes Schluchzen aus, das ähnlich wie Gelächter klang.

Es kostete ihn einige Mühe, ihr die Hände auf den Rücken zu drehen und sie so festzuhalten, daß er sich erheben konnte.
Du bist verrückt, sagte er, ohne sie loszulassen, jetzt bist du total verrückt geworden, und er gab ihr einen Stoß, daß sie zurück aufs Bett fiel, wo sie weinend und schluchzend liegen blieb.
Alex zog sich an, und sie hörte ihn hinuntergehen zu den anderen oder ans Telefon, ihr eigenes Weinen hinderte sie daran, es am Geräusch seiner Schritte zu erkennen. Sie konnte sich nicht und nicht fassen, auch nicht, als sie Schritte die Treppe hochkommen hörte, die offenbar nicht die seinen waren. Sie wußte nur, daß sie nicht freiwillig von hier fortgehen würde, daß man sie mit Gewalt würde holen müssen.

Baum des vergessenen Hundes

Mit einemmal erinnerte sie sich an das Geräusch der Metallteile, auf das sie als Kind schon immer gewartet hatte, wenn sie im Zug über eine Eisenbahnbrücke gefahren war. Der Verkehr sickerte auf einer Reihe von Fahrstreifen stadtauswärts, die Sonne schien heißer, als nach dem kühlen, aber klaren Herbstmorgen zu erwarten gewesen war, und sie mußte, eingeordnet in eine nicht endenwollende Kolonne, den Wagen mehrmals anhalten. Sie öffnete beide Vorderfenster, um etwas von der leichten Brise zu spüren, die, wie sie meinte, vom Fluß heraufwehen mußte, und sah einem Dampfer nach, der gerade unter der Brücke hervorgekommen war und sich weiß und breitbäuchig flußaufwärts arbeitete. Sie wußte, daß sich am Ende der Brücke eine Baustelle befand, ihre Ungeduld hielt sich also in Grenzen, da war nichts zu machen.

Von Zeit zu Zeit stemmte sie sich gegen die Rükkenlehne, ohne dabei das Volant aus den Händen zu lassen, und reckte sich so weit hoch, daß sie ihr Gesicht im Rückspiegel sehen konnte. Sie dachte an eine neue Serie von Pflegepräparaten, die eine der großen Kosmetikfirmen auf den Markt gebracht hatte, und ob sie es nicht damit versuchen sollte. Nicht daß ihr Teint unrein oder ihre Haut schlaff geworden war, aber man mußte rechtzeitig dafür sorgen, daß es nicht dazu kam. Auch hatte sie schon längere Zeit vorgehabt, ihr Make-up und das Parfum zu wechseln, wozu es aber eines echten Entschlusses bedurfte, da das Make-up ihr Gesicht auf charakteristische Weise veränderte, und sie sich noch nicht sicher genug fühlte, das neue, das sie zu Hause schon ausprobiert hatte, auch außer Haus und vor ihren Freunden zu tragen, da es gewissermaßen einen anderen Typ aus ihr machte.

Sie hatte sich getäuscht, die Luft stand still wie an einem Hochsommertag, und auf ihrer Oberlippe bildeten sich Schweißtröpfchen, immer wieder, so oft sie sie auch abwischte. Sie saß mit gespreizten Beinen da und fächelte sich mit dem Saum ihres Rockes Kühle in den Schoß, bis es hinter ihr hupte, und sie merkte, daß die Autos vor ihr, sich um einige Meter weitergeschoben hatten. Sie fuhr an, holte die paar Meter auf, und als sie wieder stand, lächelte sie dem Mann, der ebenfalls allein in seinem Wagen saß, im Rückspiegel freundlich zu. Es machte ihr großen Spaß, zu sehen, wie das Gesicht des Mannes sich veränderte, wie eine Verlegenheit in ihm aufstieg, ein Mit-der-freundlichen-Geste-nicht-gerechnet-Haben. Es ist so einfach, dachte sie, man muß es nur erkannt haben, ein für alle Male erkannt haben.

Als sie die Baustelle passiert hatten und es immer weiter stadtauswärts ging, wurde die Kolonne langsam schütter, und nach einer Weile bog auch sie ab, einem Seitenarm des großen Flusses folgend, auf einer wesentlich schmaleren Straße, die bald in eine Staubstraße mündete. Als sie eine geeignete Parkmöglichkeit fand, stellte sie den Wagen ab, nahm ihre Handtasche und ihren Fotoapparat und suchte nach einem Pfad an der Uferböschung. Sie war eine Zeitlang unschlüssig, ob sie nicht noch ein Stück den Weg oben entlanggehen sollte, kletterte dann zwischen den Bäumen und Sträuchern umher, die, begünstigt durch das ständige Vorhandensein von Wasser, ziemlich dicht wuchsen, und hielt Ausschau nach einer sandigen Stelle, an der sie sich setzen konnte, ohne sich voller Erd- und Grasflecken zu machen. Dabei blieb sie oft unvermutet stehen, holte tief Luft und wendete dann ihr Gesicht der Sonne zu, die trotz allem nicht mehr die Kraft zum Bräunen hatte.

Sie hatte etwas getan, wozu sie sich selten aufraffen konnte, nämlich sich ins Auto zu setzen und irgendwo hinauszufahren, allein und ohne besonderen Grund, ohne etwas holen oder abliefern zu müssen, ohne verabredet zu sein. Sie war gefahren, weil Theo zu Hause war; er fühlte sich nicht wohl, ohne, wie sie genau zu wissen glaubte, ernsthaft krank zu sein. Er war vom Büro zu Hause geblieben und hatte sich nach dem Frühstück wieder hingelegt, gelesen und darauf gewartet, daß sie sich zu ihm ans Bett setzte, daß sie ihm etwas zu trinken brachte, sich mit ihm unterhielt und auf seine Unpäßlichkeit einging. Sie müsse für kurze Zeit raus, hatte sie gesagt. Sie würde gewiß nicht lange bleiben, aber sie müsse für ein paar Stunden raus. Er solle inzwischen schlafen, Schlaf sei die beste Medizin für jede Art von Krankheit. Er solle sich gesundschlafen, am Abend würde sie dann was zu essen machen und wenn es ihm gut genug ging, konnten sie dazu eine Flasche von dem französischen Rotwein trinken, den sie in einem Geschäft

in der Innenstadt entdeckt und der ihnen beiden so geschmeckt hatte.
Es war unter der Woche, und der Seitenarm des großen Flusses war kaum befahren, ein paar Ruderboote und vereinzelte Segler, die wie Kohlweißlinge mit zitternden Flügeln irgendwo im Wasser aufzusitzen schienen. Enten und Bleßhühner schwammen in dem an sich trüben Wasser, das durch die Bläue des Himmels hell und klar wirkte und dessen schimmernde Oberfläche sich nur um die ersten abgefallenen Blätter der Laubbäume kräuselte, die kaum merklich auf ihr dahintrieben.
Sie tauchte den Blick in die sie umgebenden Farben, in die Rost- und Moostöne, die Stahl-Achat- und Kobaltfarben, in die Arten des Glanzes und des Flimmerns, in das Honigsanfte, Gelbduftende, sie stellte sich zu jeder Farbe das dazugehörige Wort vor, die Gegenstände, auf die es übertragbar war, und sie hatte eine unglaubliche Sehnsucht nach der Glätte glasierter Keramik, nach der scheinbaren Rauhheit von Milchglas, nach der vom eigenen Griff erzeugten Wärme von aufgesetzten Messingkugeln, nach all den Gegenständen, auf denen sie ihre Hand hatte ruhen lassen, bevor sie sie an einen möglichen Käufer weitergab, Gegenstände, deren Berührung sie mit unaufdringlicher Kühle beruhigt hatte, wenn sie gereizt oder erregt gewesen war. Sie erinnerte sich an einen moirierten Stein, von vielen Fingern blank gegriffen, den sie heimlich gegen die Stirn drückte, wenn sie Kopfschmerzen hatte, und an einen unverkäuflichen Spazierstock, an den sie sich gerne lehnte, vor allem

wenn sie ein dazupassendes, langes Kleid trug, und dessen silbernen Knauf sie durch den Stoff hindurch auf der Haut ihrer Hüften gespürt hatte, wie damals, als Theo zum erstenmal in den Laden gekommen war, um, wie er sagte, für seine Mutter, die bei seinem Bruder in Amerika lebte, ein nützliches Geschenk auszusuchen. Sie wußte, daß sie mit offenen Armen aufgenommen werden würde, wenn sie zurückkäme. Herr Feininger hatte nie einen Ersatz für sie gefunden. Solange sie den Laden betreut hatte, war er in guten Händen gewesen, und Herr Feininger hatte lange Geschäfts- oder sonstige Reisen unternommen. Sie war zum Einkauf berechtigt gewesen, und es kam selten vor, daß sie sich über den Wert eines Gegenstandes täuschte. Sie und Herr Feininger ... er würde ihr den Schlüssel wieder aushändigen und sagen: Sybill, Sie wissen Bescheid. Ich fliege nämlich morgen nach Santiago ...

Beinah wäre sie über das Fahrrad gestolpert, das gegen einen Busch gelehnt, von dessen Blättern fast zur Gänze bedeckt war. Sie hatte sich, den Fotoapparat gegen das Aug gedrückt, zu weit rückwärts gewandt und bemerkte es erst, als sie das Geräusch des Kotschützerblechs, an dem sich ihre Haut schürfte, hörte und einen Schmerz am Bein verspürte. Sie blutete kaum und an den Rändern des Kratzers, den sie sich zugefügt hatte, hing Haut in weißen Schuppen, die sich kräuselten. Vor Verwunderung und ärgerlich über ihre Ungeschicklichkeit, schnalzte sie leise mit der Zunge, drückte aber den Fotoapparat wieder ans Aug und betrachtete

das winzige Bild des angeschwemmten Baumstrunks, das sich ihr durchs Objektiv bot. Sie versuchte, die Komposition, die sich ihr zuvor so aufgedrängt hatte, nämlich den Baumstrunk, dessen bizarre Form, verlängert durch seinen Schatten, der sich gegen den weißen Ufersand deutlich abhob, möglichst unverändert in den Blickwinkel der Kamera zu bringen. Sie liebte es, solche Kuriositäten der Natur zu fotografieren, und sie hatte zu Hause ganze Kartons voller Aufnahmen, auf denen fast nie ein Mensch zu sehen war, dafür umso mehr Details von Pflanzen, Steinen oder durch Witterung und Umwelt veränderten Gegenständen, obwohl die meisten dieser Aufnahmen nur halb so skurril waren, wie sie sich vorgestellt hatte, daß sie ausfallen mußten, was sie dann auf ihre mangelnde Technik beim Fotografieren schob. Doch hatte sie nie damit aufgehört.
Sie hatte den Mann zuerst durchs Objektiv der Kamera erblickt und im selben Augenblick einen solchen Schreck gekriegt, daß sie mit weit aufgerissenen Lidern weiter auf das kleine Bild starrte, anstatt ihre Augen auf natürliche Weise zu gebrauchen. Er lag da, auf dem Rücken, Arme und und Beine leicht gespreizt, mit geöffnetem Mund, den Oberkörper nur mit einem Ruderleibchen bekleidet. Ihr erster Gedanke war, daß er tot sein mußte, daß er einem Mord zum Opfer gefallen war und daß nach dem Mörder, sie die erste Person war, die die Leiche erblickte. Weniger die Angst davor, daß der Mörder noch in der Nähe sein konnte, als die Angst vor einem Toten an sich, mit dem sie noch dazu allein war, hatte ihr die

Gänsehaut aufgetrieben, und sie hatte keine Ahnung, was sie machen sollte.
Als sie die Kamera vom Aug nahm und den Mann, in dessen unmittelbarer Nähe sie stand, sie hatte ihn nur nicht früher bemerkt, ansah, erkannte sie, daß er nur schlief, und ihr fiel ein, daß bei Toten doch meist die Augen offen standen. Er bewegte sich, während sie ihn betrachtete, schien aber so fest zu schlafen, daß er kein Bewußtsein von ihrer Anwesenheit hatte.
Und plötzlich bekam sie Lust, diesen Mann, der weder lachte noch lächelte, sie weder anblickte, noch sonst irgendwie dreinsah, der überhaupt nicht dreinsah, sondern einfach schlief, dicht an den Boden angedrückt, als wäre er ein Gegenstand, der sich hauptsächlich durch seine Langgestrecktheit und die Helle seiner Haut von seiner Unterlage abhob, zu fotografieren. Sie würde nie wissen, wer dieser Mann war, es auch nie wissen wollen, aber sie würde sich ein Bild von ihm gemacht haben, das Bild eines Ruhenden, der auf nichts, auch nicht auf das Vorhandensein der Kamera reagierte. Und auf dem Bild würde er trotz der geschlossenen Augen etwas von einem Toten an sich haben.
Sie hatte die Kamera wieder hochgehoben, fürchtete aber mit einemmal, der Mann könne durch das Klicken erwachen und sie dadurch in eine ausgesprochen peinliche Situation bringen. Sie wich einige Schritte zurück, sah sich nach einem entsprechenden Standort um, konnte aber keinen finden, bis sie an einen verkrüppelten Weidenbaum stieß, dessen Hauptast sich in nicht allzugroßer Höhe über den Boden neigte, bevor er sich aufrichtete. Sie lehnte

sich dagegen, versuchte die Kamera so hoch wie möglich zu halten, aber sie bekam den schlafenden Körper nicht so recht in den Blick.
Und da durchfuhr es sie, daß dieser Mann selbst ein Mörder sein konnte, einer, der sich schlafend stellte und darauf wartete, daß sein zukünftiges Opfer nichts ahnend, ganz dicht an ihn herankam, der dann plötzlich aufsprang und das Erschrecken des Opfers ausnützend, es mit bloßen Händen zu würgen begann. Was hatte dieser Mann, der noch dazu Arbeitskleidung trug, an einem Wochentag in dieser entlegenen Gegend zu suchen, wo kam er her, wo fuhr er wieder hin, nachdem er, wenn es stimmte, was er vorzugeben schien, ausgeschlafen hatte? Und was tat er dann?
Sie nahm den Fotoapparat vom Aug und starrte den Schlafenden an. Wenn er nur so tat, wenn er wirklich daran dachte, sie zu töten, würde er nicht warten, bis sie ihn fotografiert hatte. Er würde aufspringen, noch bevor sie hatte abdrücken können. Gewiß würde er sich nicht darauf einlassen, von ihr fotografiert zu werden, so unvorsichtig war er sicher nicht, wo er doch damit rechnen mußte, daß jemand kommen konnte, daß er dann keine Zeit mehr haben würde, den Film aus der Kamera zu reißen und wenn, so würde er Fingerabdrücke darauf hinterlassen und selbst wenn er die Kamera ins Wasser warf, sie konnte wiedergefunden werden und ein wichtiges Indiz abgeben.
Sie schalt sich hysterisch, lächelte sich selbst Mut zu, wich aber merklich immer weiter zurück, so daß sich ihr Rücken am Stamm des Weidenbaums hochzuschieben begann, und überlegte, was ihr zuerst

völlig absurd schien, ob sie nicht auf den gebogenen Ast des Baumes klettern sollte. Sie war schon so lange nicht mehr auf Bäume geklettert, daß sie gar nicht mehr wußte, wie das ging. Sie wunderte sich selbst darüber, daß sie es schaffte, aber der Ast war breit genug und in so geringer Höhe, daß sie nicht befürchten mußte, sich das Genick zu brechen, wenn sie dennoch herunterfiel. Sie legte sich auf den Bauch, mit der Seite gegen einen senkrecht wachsenden Zweig gelehnt, die Ellbogen gegen die Rinde gestützt, und versuchte, das Aug wieder an die Kamera gepreßt, den Schlafenden nun von dieser erhöhten Lage aus zu fotografieren.
Gleichzeitig mit dem ersten Klicken blieb ihr beinah das Herz stehen, denn der Mann hatte den Kopf in ihre Richtung gedreht, ohne allerdings, wie sie gleich darauf mit Erleichterung feststellte, die Augen zu öffnen. Ein Laut entfuhr ihm, der nicht sosehr nach Seufzen, als vielmehr nach Behagen klang, und sie hatte das Gefühl, der Mann würde sich immer tiefer in seinen Schlaf eingraben, und ihre Sicherheit war wieder im Wachsen.

Sie hatte eine Reihe von Aufnahmen gemacht und lag, den Körper fest gegen die Rinde gepreßt, da, hatte die Kamera über einen Ast gehängt und beobachtete das Wasser, die Bäume und immer wieder den Mann, der sich nun mehrmals im Schlaf über die Schamgegend fuhr, und ihrem angestrengten Blick schien es, als wäre sein Glied, dort wo sie dessen Platz vermutete, kaum ausnehmbar, aber doch angeschwollen. Vielleicht träumt er, dachte sie und dabei stieg ihr selbst die Hitze auf. Sie

bildete sich ein, den Geruch des Mannes aus dem leichten Lufthauch, der von ihm in ihre Richtung wehte, herausspüren zu können, und sie stellte sich vor, daß er trockene, feste Hände hatte und eine lebendige Haut, die nicht von Talgabsonderungen verstopft war und den leblosen Glanz des schlecht Durchbluteten hatte, wie die von Theo zeitweise.
Sie spürte, wie ihre Brustwarzen von der Rinde nach innen gedrückt wurden und es kostete sie einige Anstrengung, ihre Position so geräuschlos wie möglich dahingehend zu verändern, daß sie halbwegs entspannt liegen konnte und doch nicht fiel. Und mit einemmal drängte sich ihr die Vorstellung auf, daß dieser Ast und dieser Mann miteinander identisch seien, daß sie auf diesen reglosen Mann gekrochen war, wie sie auf den Baum gekrochen war, von ihm Besitz ergreifend und sich an ihn pressend, ohne daß er eine Möglichkeit hatte, sich zu wehren oder sie abzuschütteln, weil selbst schon gefangen in der Begierde, und wie es in ihrer Hand lag, Befriedigung zu verschaffen, vor allem wann sie es tat, während der Mann wie gefesselt unter ihr lag und sich aufzubäumen versuchte, was nur zu noch größerer Erregung führte und ihr wurde bewußt, daß sie sich schon die längste Zeit am Baum rieb.
Sie fragte sich, was geschehen würde, wenn sie nun wirklich auf ihm wäre, und durch ihre Vorstellung flimmerte das Bild der Messerwerfer im Zirkus, nur daß dieser Mann von den Messern am Boden festgenagelt sein sollte, daß, wie einst bei Christus, seine Hände und Füße durchbohrt werden, daß er jedoch nicht an einem Kreuz, sondern

an der Erde befestigt werden sollte, aber ebenso hilflos und preisgegeben, mit gespreizten Armen und vor Lust übereinandergepreßten Beinen. Ihr Triumph war plötzlich unbändig und während sie sich mit dem Oberkörper aufrichtete, o ja, so wollte sie ihm ihre Brüste zeigen, mit geschwollenen Warzen und doch nicht sofort erreichbar, erst im Moment des äußersten Verlangens! glitt sie mit den Beinen vom Stamm ab und saß nun rittlings auf dem gebogenen Weidenast.
Eine neuerliche Bewegung des Mannes löste in ihr Beschämung und den Wunsch aus, so rasch wie möglich von dem Baum herunterzukommen, sich den Rock glattzustreifen und etwaige Spuren an ihrer Kleidung zu verwischen, bevor jemand sie entdeckte. Wie zum Trotz machte sie, während sie sich rückwärts gehend, immer weiter entfernte, noch ein paar Aufnahmen. Selbst wenn er dabei aufwachte, woher konnte er wissen, daß sie ausgerechnet ihn geknipst hatte. Sie würde so tun, als bemerke sie ihn erst in dem Augenblick, als er die Frage an sie richtete.
Auf dem Weg schien ihr die Sonne warm entgegen, und sie dachte daran, sich für eine Stunde ein Ruderboot zu mieten und sich darin treiben zu lassen. Selbst wenn die Sonne nicht mehr richtig bräunte, eine frische Farbe würde sie ihr schon machen. Sie würde ihre Bluse ausziehen, sich auf den Boden des Bootes legen und eine Illusion von Sommer haben, mit einem Himmel, so wolkenlos, daß die Kodensstreifen der Düsenjäger über seine ganze Wölbung zu verfolgen waren.
Sie hatte die Tür ihres Wagens geöffnet und sich

unschlüssig, mit heraushängenden Beinen hineingesetzt, sollte sie bis zur nächsten Bootsvermietung gehen und den Wagen hierlassen oder fahren, auf die Gefahr hin, daß sie sich mehrmals im Kreis bewegen und den Wagen dann erst in der Sonne stehenlassen mußte. Sie setzte eine Sonnenbrille mit großen Gläsern auf und wollte wieder aussteigen, als sie einen Radfahrer kommen hörte. Er fuhr pfeifend, mit offenem Hemd über dem weißen Ruderleibchen, den Weg entlang, den sie eben erst gekommen war. Es war der Mann, den sie fotografiert hatte, obwohl er nun, wie ihr schien, ganz anders aussah, wie ein Mensch, der anstatt ein Bier zu trinken, sich hingelegt hatte und nun, frisch ausgeruht, wieder zur Arbeit fuhr. Er sah sie nicht einmal an, als er so an ihr vorbeifuhr, pfiff nur ein wenig leiser, als wolle er vor ihr, der Fremden, wer immer sie auch sein mochte, die Melodie geheimhalten. Als er vorüber war, fiel ihr ein, daß sie vergessen hatte nachzusehen, welche Farbe seine Augen hatten.

Es begann bereits kühl zu werden, als sie sich, in jedem Arm eine Tüte mit Lebensmitteln, das breite Treppenhaus emporkämpfte, mit einer mühselig frei gemachten Hand nach dem Wohnungsschlüssel suchend, den sie dann doch nicht finden konnte, dazu hätte sie die Tüten abstellen müssen. Bevor sie noch klingeln konnte, öffnete Theo die Tür und die Vorstellung, Theo wäre die ganze Zeit dahinter gestanden und hätte auf ihre Schritte gewartet, befiel sie wie Übelkeit, der sie nur mit Mühe Herr werden konnte.

Automatisch hielt sie ihm die Wange zum Kuß hin, dann übergab sie ihm die Tüten und stürzte ins Badezimmer. Ihre Scheu, fremde Toiletten zu benützen, führte dazu, daß sie meist als erstes, wenn sie nach Hause kam, ins Badezimmer rannte, was zu Anfang ihrer Ehe Anlaß zu Heiterkeitsausbrüchen und zärtlichen Hänseleien gewesen war, ihr nun aber aus ganz anderen Gründen wichtig schien, nämlich um ein Gesicht aufzusetzen, sich zu fassen, nachdem all ihre geheimen Hoffnungen, daß Theo vielleicht doch ausgegangen sei, zerstört worden waren. Er war da und wie sie ihn kannte, würde er keinerlei Anstalten treffen, das Haus vor dem nächsten Tag zu verlassen oder, wenn es so weiterging, vielleicht auch den ganzen nächsten Tag im Bett liegen und noch blasser werden.
An den nassen Stellen im Badezimmer merkte sie, daß Theo vor kurzem ein Bad genommen hatte, auch hing der Geruch seines Rasierwassers, sowie der Rasierseife noch in der Luft. Da er sich auch am morgen geduscht hatte, konnte das nur heißen, daß er sich eine gemeinsame Nacht vorstellte. Sie haßte nichts sosehr, wie die offensichtlichen Vorkehrungen zum Beischlaf, die da getroffen wurden, damit es nur ja an nichts fehlte. Um gerecht zu sein, mußte sie zugeben, daß es sie früher kaum gestört hatte, daß es ihr nur hin und wieder aufgefallen war.
Bist du sehr hungrig? fragte sie aus dem Badezimmer, da sie ihn an den Tüten rascheln hörte und sich genau vorstellen konnte, wie er sie untersuchte, ein Stück von dem langen weißen Brot abriß oder am Obst naschte.

Nein, sagte er und sie hörte, wie er sich von der Anrichte, auf die er offensichtlich die Tüten gestellt hatte, wieder entfernte.
Es dauert nicht lange, ich werde mich beeilen.
Mir war den ganzen Tag nicht sehr wohl, sagte er, was weiß ich, was das ist. Jetzt geht es mir besser, fügte er dann, ohne daß sie danach gefragt hätte, hinzu.
Du kannst uns einen Aperitif machen, rief sie, während sie sich das Haar zum Vorbereiten des Essens hochsteckte. Wenn sie etwas trank, war es immer besser, sie kam dann mit allem besser zurecht, selbst auf die Gefahr hin, daß ihr der eine oder andere Gegenstand unversehens aus der Hand glitt, aber es war kein besonderes Geschirr, das sie zum Kochen verwendete.
Am Nachmittag hatte ich einen Schwindelanfall, sagte Theo, ich habe mich an der Vitrine festgeklammert und da muß es passiert sein.
Was? fragte sie, und sie spürte, wie Zorn in ihr aufstieg, Zorn darüber, daß er seine angebliche Krankheit dazu benutzte, um irgendetwas zu kaschieren, um irgendeinen Mißgriff als Unfall zu tarnen.
Die kleine Glasfigur ... sie ist umgefallen und eine Zacke ist abgebrochen. Tut mir leid, aber der Schwindel war momentan so stark. Man wird sie reparieren können.
Sie unterließ es, etwas zu sagen, sondern ging, sich mit der einen Hand eine Spange im Haar feststeckend, eine andere Spange zwischen den Lippen, ins Wohnzimmer, öffnete die Vitrine und nahm die Glasfigur heraus. Um besser sehen zu können,

drehte sie die Deckenbeleuchtung an, normalerweise brannte nur eine Stehlampe, und betrachtete den Schaden.

Es war ein altes, handgeblasenes Figürchen, das sie vor Jahren einmal, günstig, wie sie meinte, bei einer Auktion gekauft und für sich behalten hatte.

Man wird es reparieren können, sagte Theo nochmals. Er war ihr nachgekommen, und während auch er sich über das Figürchen beugte, stützte er sich mit den Händen an der Vitrine auf.

Ich bitte dich, Theo! sie sah ihn vorwurfsvoll an, und er nahm sofort den Arm von der Vitrine.

Ist es schlimm ...? Es tut mir aufrichtig leid, aber ich kam aus meinem Zimmer und wollte zum Fenster, um es zu öffnen, mir war wie gesagt nicht wohl, aber bevor ich zum Fenster kam, um frische Luft hereinzulassen, war es schon passiert.

Sie konnte es sich nicht verkneifen, wenigstens einmal kurz aufzuseufzen. Macht nichts, sagte sie, natürlich kann man es reparieren, aber es ist nicht mehr dasselbe.

Ich werde sehen, ob ich ein ähnliches zu kaufen kriege, versuchte Theo einzulenken.

Kriegst du nicht. Ich sage ja, es macht nichts. Es war nicht einmal so besonders wertvoll als günstig gekauft. Sie stellte das Figürchen mit der abgebrochenen Zacke zurück in den Glasschrank und ging in die Küche.

Hast du uns etwas zu trinken gemacht? Sie wußte, daß das gar nicht möglich war, daß die Zeit dazu zu kurz gewesen war, aber sie wollte, daß er sich mit irgendetwas beschäftigte, daß er nicht nur in der Küche herumstand und ihr zusah, wie sie das

Gemüse auftaute und die Steaks briet, wie sie die Beeren für den Obstsalat von den Stielen löste und die Melone in Würfel schnitt.
Hast du's schön gehabt? fragte Theo, als er ihr den gemixten Aperitif reichte, den sie ihm mit noch nasser Hand abnahm.
Was meinst du damit? Der leicht wehleidige Ton, in dem er die Frage gestellt hatte, stimmte sie angriffslustig. Oder willst du nur wissen, was ich gemacht habe?
Theo hatte sich auf einen Küchenstuhl gesetzt und begonnen, seine Schläfen abwechselnd mit seinem Puls zu massieren. Du bist gereizt, sagte er. Ich dachte, es würde dir gut tun, wenn du dich ein paar Stunden in die Sonne legst. Ich hatte mich auf den gemeinsamen Abend gefreut.
Entschuldige, sie schüttelte die Beeren in einem Drahtsieb, um das Wasser von ihnen abtropfen zu lassen. Es war doch sehr warm heute. Ich habe mir ein Boot genommen, bin ein wenig hinausgerudert und habe mich dann auf den Boden des Bootes gelegt. Dabei muß ich eingeschlafen sein. Ich bin erst wieder aufgewacht, als das Boot gegen ein Ufer stieß, zum Glück ist nichts passiert, ich habe nur Kopfschmerzen. Ich hatte nicht damit gerechnet, daß die Sonne noch so stark wäre. Sie verachtete sich selbst dafür, daß sie nun auch eine Art von Krankheit vor ihre schlechte Laune schob.
Du hast Farbe bekommen, das Wasser und der Wind ... sagte er, ich wollte, ich hätte mich besser gefühlt, dann hätten wir gemeinsam ...
Ja, das hätten wir, sagte sie. Sie hatte sich so weit beruhigt, daß sie das Gespräch durchhalten würde.

Sie stellte die mit Zucker bedeckten Beeren, unter die sie die Melonenwürfel gemischt hatte, in den Kühlschrank, nahm einen langen Zug aus ihrem Glas und holte Besteck aus der Lade.
Würdest du so lieb sein und den Tisch decken? Theo war, ihre Absicht erkennend, bereits aufgestanden und suchte nach Servietten.
Gibt es keine Servietten mehr? fragte er.
Aber ja, sie drängte ihn von der Lade, in der die Servietten liegen sollten, weg, zog sie ganz heraus und wühlte darin. Die weißen sind ausgegangen, ich habe einfach vergessen, welche zu besorgen. Sie griff nach einem verschlossenen Paket. Nimm die hier, sie sind von Weihnachten. Damals haben wir sie gar nicht verwendet. Sie lachte, froh über den neutralen Anlaß.
Theo war dicht hinter ihr stehengeblieben, und als sie sich umdrehte, um ihm das Paket mit Servietten in die Hand zu drücken, umfaßte er sie mit beiden Armen, bedeckte mit den Händen ihre Brüste und sagte, heut nacht, Liebling, heut nacht!
Es kostete sie einige Überwindung, ihn nicht einfach abzuschütteln, wie einen Hund, der an einem hochgesprungen ist, und um der Situation Herr zu werden, sagte sie in ironischem Ton: du immer mit deinen Versprechungen! und drängte ihn mit der Hüfte so weit zur Seite, daß sie wieder zum Herd konnte. Sie wußte, sie würde nun den ganzen Abend daran denken müssen, daß er vorhatte, mit ihr zu schlafen, daß er sich die ganze Zeit über darauf vorbereitete, wie auf einen Theaterbesuch, und sie dachte mit Entsetzen an das Ritual, das sich in den drei Jahren ihrer Ehe bereits herausgebildet

hatte, wie sie sich beide, jeder an seinem Bettrand sitzend, auszogen, wie er die Papiertaschentücher an ihren Platz legte und die Kissen zurechtklopfte, wie er dann das Licht löschte und sie mit seinen von der Erregung bereits feuchten Händen anfaßte, wie sich dabei alles in ihr zusammenzog und sie am liebsten strampeln würde, wie sie sich dann irgendwelche obszönen Bilder vor Augen führen mußte, Szenen unter Leuten mit überdimensionalen Geschlechtsorganen, um schließlich doch auf ihre Rechnung zu kommen, wobei es nicht einmal sosehr der Lust wegen war, die sie dabei wie die mechanische Reaktion auf einen mechanischen Reiz empfand, sondern aus Angst, er könne sie nachher wieder fragen, warum es diesmal nicht geklappt hätte, was er denn falsch gemacht habe, sie solle ihm ruhig ihre besonderen Wünsche anvertrauen, er würde gerne auf sie eingehen, es gäbe nichts, wofür man sich auf diesem Gebiet zu schämen brauche, er jedenfalls habe für alles Verständnis.

Ist Post gekommen? fragte sie, um wieder zu dem neutralen Umgangston zu finden, den sie so häufig verwendete, wenn es galt, nichts zum Ausbruch kommen zu lassen.

Erwartest du etwas? Theo kam vom Eßtisch mit einer überzähligen Gabel zurück.

Nein, nein, sagte sie, ich habe bloß gefragt, und sie dachte daran, wie sie Vormittag für Vormittag auf den Briefträger lauerte, wie sie mehrmals hintereinander auf den bloßen Verdacht von Schritten hin, aus der Wohnung stürzte und hinunter in die Einfahrt rannte, um zu sehen, ob er etwas gebracht hatte, dabei war ihr kaum klar, wie sie denn mit solcher Sehnsucht und Beharrlichkeit erwartete. Irgendwann würde sie mit Theo darüber reden müssen, daß sie zurück zu Feininger wollte, daß sie nicht einfach dasitzen und warten wollte, bis das geplante Kind, das schon lang genug auf sich warten ließ, unterwegs war. Wenn sie ehrlich war, wollte sie zur Zeit auch gar keines. Später vielleicht, aber wenn sie sich vorstellte, daß es ihr dann noch schwerer fallen würde, von Theo wegzugehen, die geräumige Wohnung und all die Annehmlichkeiten des Stadtzentrums aufzugeben, dann war ihr immer weniger danach. Das Einzige, was sie wirklich wollte, war, wieder zu Feininger zu gehen, kostbare Gegenstände mit den Händen zu berühren und lange über ihren Wert zu reden. Es machte ihr Spaß, gut einzukaufen und zu verkaufen, jemanden in seiner Überzeugung zu bestärken oder ihm Unsicherheiten des Geschmacks zu nehmen, indem sie ihn gut beriet.

Es sah Theo ähnlich, daß er glaubte, er könne mir nichts dir nichts wieder so ein Glasfigürchen zu kaufen kriegen. Er hatte keinerlei Gefühl für diese Dinge. Allein die Art, wie er sich gegen die Vitrine lehnte, ohne sich dessen bewußt zu sein, daß lauter Zerbrechliches in ihr war, Irreparables. Für ihn war nur er selbst zerbrechlich, sein Äußeres wie sein Inneres, er sprach von Schocks, die ihm etwas verursacht, von Zerreißproben, denen er nicht standgehalten, von Anstrengungen, die er nicht verkraftet hatte. Er arbeitete viel, wollte aber dafür auch gelobt und gehätschelt werden, wobei er ihr die Lust dazu nahm, indem er sie dauernd auf seine Leistungen aufmerksam machte. Es war seine Idee gewesen, daß sie zu Hause bleiben sollte, durch ihn, sagte er, hätte sie es nicht mehr nötig, Geld zu verdienen, er hingegen legte Wert auf all die kleinen Gesten der Fürsorglichkeit, zu denen nur eine Frau, die nicht überbeansprucht sei, imstande wäre. Zu Beginn war sie auch ganz froh darüber gewesen, solange sie die Wohnung gesucht und eingerichtet hatte, wobei sie sich genügend Zeit hatte lassen können und von Theo ausgiebig unterstützt worden war. Sie hatte ganze Tage bei Antiquitätenhändlern, Möbelverkäufern, aber auch Trödlern verbracht, um ein Stück nach dem anderen zu erwerben, wobei alle ihre Instinkte hell wach gewesen und ständig auf der Lauer gelegen waren. Sie war von einem Ende der Stadt ans andere gefahren, hatte ihren Kleinwagen gegen einen Combi eingetauscht, um einen Teil der Sachen selbst transportieren zu können, weil sie befürchtete, es könne beim Transport etwas beschädigt werden. Später dann hatte sie auf der Suche nach geeigneten Bildern oder Drucken all die kleinen Galerien der Stadt abgeklappert, nachdem sie zuerst bei all ihren Freunden und Bekannten, die etwas von Malerei verstanden, Erkundigungen eingezogen hatte. Meist hatte sie erst nach langem Überlegen das eine oder andere Stück erworben und dazwischen immer wieder ausführliche Kaffeehausbesuche eingeschaltet, um über das eine oder andere Bild nachzudenken oder sich mit Irma, die Kunstkritikerin bei einer Tageszeitung war, zu beraten und dabei gleich die Anzeigen- und Ankündigungsteile der Zeitungen nach neuen Einkaufsmöglichkeiten zu durchsuchen.

Als sie dann alles zu ihrer beider Zufriedenheit eingerichtet hatte, und es Barbarei gewesen wäre, die Wohnung mit weiteren Gegenständen vollzustopfen, widmete sie sich einer Beschäftigung, von der sie die ganze Zeit über, als sie noch bei Feininger gearbeitet hatte, nur träumte, die Zeit dazu hatte sie sich nie nehmen können. Sie lag stundenlang auf der Couch in ihrem Zimmer und las in den eingekauften Kunstbüchern über Steine, Schmuck und Porzellane, über all die Dinge, die durch ihre Hände gegangen waren, fand viele ihrer Meinungen, die sie sich in den Jahren bei Feininger mehr aus der Praxis, als durch systematisches Studium erworben hatte, bestätigt, andere zweifelhaft, erfuhr eine Menge Neues, das sich sicher auch in der Praxis bewähren würde, und konnte vor allem die Dinge weit besser beim Namen nennen. Sie hatte einen deutlicheren Überblick über die verschiedenen Epochen gewonnen und im Grunde brannte sie nur mehr darauf, das in ihr angestaute Wissen anzuwenden.

Der Salat schmeckt ausgezeichnet, sagte Theo. Ich weiß nicht, was die in den Restaurants machen, viel jedenfalls nicht. Hast du je in einem Restaurant einen guten Salat gegessen?
In diesem Land wird man das nie lernen. Ist ja auch kein Salatland, sagte sie. Frankreich oder Italien zum Beispiel, das ist ganz etwas anderes.
Sie stießen miteinander an, und sie trank das erste Glas Rotwein ziemlich rasch. Sie spürte förmlich, wie der Alkohol ihr ins Blut fuhr.
Trink nur, sagte Theo. Es war ihm also nicht ent-

gangen. Wir wollen es uns heute abend gemütlich machen. Ihr blieb beinah der Bissen im Hals stekken und sie nahm einen kräftigen Schluck, um ihn hinunterzuspülen.
Und dann, sagte er, dann wird die liebe Sybill ins Bett gesteckt, und dann ... dann gibts eine kleine Orgie ... eine glitzekleine Orgie, und dazu stellen wir uns noch eine Flasche Wein ans Bett und machen Musik ... Er hatte ihre Hand genommen und es sah aus, als wolle er an ihren Fingern naschen, sie aber spürte, wie die Spuren von Speichel, die seine Zunge auf ihren Fingerkuppen zurückgelassen hatte, kühl wurden und sie wischte sie möglichst unauffällig an ihrer Serviette ab.
Du mit deinen Orgien, sagte sie, und sie gab sich große Mühe, es so klingen zu lassen, als meine sie es zärtlich-ironisch und Theo glaubte daran.
Wart nur, sagte er, ich habe mich zwar heute den ganzen Tag über nicht wohl gefühlt, aber du wirst schon sehen! und er rückte mit dem Stuhl etwas vom Tisch ab, spreizte beiläufig die Beine, als wolle er sie auf die leichte Erhebung in der Schamgegend als Kostprobe seiner späteren Potenz aufmerksam machen.
Sie fragte sich, was er tun würde, wenn sie nun in die Knie ging, ihm die Hose öffnete, den Gegenstand seines Stolzes herausnahm und mit Salatsauce übergoß. Wahrscheinlich würde er einen Schock erleiden oder der Schreck würde ihm so ins Glied fahren, daß es augenblicklich in sich zusammenschrumpfte. Diese Vorstellung stimmte sie so fröhlich, daß sie lächeln mußte und daß sie ihr noch weiter nachhing, während Theo das Lächeln

auf etwas ganz anderes bezog und: siehst du! sagte, jetzt ist deine Stimmung schon viel besser. Und sie stellte sich vor, wie sie um Theos Glied auch noch ein Salatblatt und eine aufgeschnittene Semmel legte und wie sie Anstalten dazu machte, davon abzubeißen, und da mußte sie hellauf lachen.
Theo begann mißtrauisch zu werden. Was ist? fragte er, du kannst doch nicht von dem Aperitif und den zwei Gläsern Wein ... er registrierte es also ganz genau.
Nein, nein, sagte sie, ich habe nur plötzlich an etwas denken müssen. Darf ich mitlachen? Theo rückte wieder an den Tisch, um fertigzuessen. Es ist nichts, gar nichts, nur eine Kleinigkeit, ich könnte es gar nicht entsprechend wiedergeben. Sie griff nach ihrem Glas. O Gott, dachte sie, wenn dieser Abend nur schon vorüber wäre.

Es regnete leicht und sie schlenderte ohne Schirm, in weiten Hosen und einem wasserdichten Trenchcoat, einen breitkrempigen Männerhut tief ins Gesicht gezogen, unter den Alleebäumen, die zu beiden Seiten der Straße den Fußgänger- und Radfahrerweg überdachten, dahin. Sie hatte den Hut bei einem ihrer Trödlerbesuche erworben, und da er wie ein etwas gewagtes Accessoir zur herrschenden Mode wirkte und ihr außerdem gut zu Gesicht stand, trug sie ihn mit Vorliebe bei trübem Wetter, was den Vorteil hatte, daß sie die Hände lässig in die Manteltaschen stecken konnte, ohne sich mit einem Schirm befassen zu müssen, selbst ihre Taschen trug sie fast ausschließlich an einem Riemen über der Schulter, und während sie so ging, setzte sie mehrmals dazu an, vor sich hinzupfeifen, unterließ es dann aber wieder, weil es, wie ihr schien, im Verein mit ihrer Aufmachung doch zu burschikos wirkte. Sie war bei der zuständigen Behörde gewesen, die ihren Paß verlängern würde, man konnte nie wissen, vielleicht ergab sich eine günstige Gelegenheit, und sie konnte während der unfreundlichen Wintermonate mit Irma oder den Wesselys, die sie schon mehrmals dazu eingeladen hatten, doch irgendwohin ins Ausland fahren. Jedenfalls wollte sie vorbereitet sein, nicht daß es dann an einem leidigen Dokument scheiterte.

An farblosen Tagen wie diesem war von jeher Reisefieber über sie gekommen, und sie stellte sich Exotisches vor, das auffallend aussah, schmeckte und roch. Sie hatte ihren Urlaub fast immer zum Reisen verwendet, obwohl sie dabei nie besonders weit gekommen war, aber auch in den letzten Jahren hatten sie Theos Urlaub im Ausland verbracht, waren die südfranzösische Küste bis an die Pyrenäen entlanggefahren, und sie hatte eine Reihe von Strohhüten und Kochrezepten mitgebracht.

Vor einer Litfaßsäule blieb sie stehen und studierte die Plakate, mehr zum Zeitvertreib als in der echten Absicht, ein Konzert oder ein Theaterstück zu besuchen. Für Konzerte war Theo zuständig und im Theater waren sie beide schon lange nicht gewesen, ohne daß es ihnen besonders abgegangen wäre. Tiefes Rot mit einem Stich ins Lila zog ihren Blick auf sich. Es war die Ankündigung einer Ausstellung lateinamerikanischer Volkskunst und von dem als Farbe so anziehenden Hintergrund hob sich eine Maske aus weißer Sackleinwand mit aufgenähten

Roßhaaren, gestickten Augenlöchern und einem schwarzroten Kreuz auf der Stirn ab.
Sie blickte auf die Uhr, die sie an einer alten Goldkette um den Hals hängen hatte, überlegte eine Weile, war unschlüssig, dachte daran, Irma in der Redaktion anzurufen und sie zu fragen, ob sie die Ausstellung schon gesehen hätte, trank an der nächsten Ecke einen Kaffee im Stehen und ging dann doch zu dem Museum, es hatte wider Erwarten stark zu regnen begonnen.

Im Museum brannte Licht, sie ließ Hut und Mantel an der Garderobe zurück und ein afrikanischer Museumsdiener wies ihr den Weg durch die afrikanische Abteilung in Richtung ‚Sonderausstellung', wie er es nannte.
Beinah interesselos ging sie an den Elfenbeinmasken und nachgebauten Negerkrals vorbei, ließ Amulette und Regenzauber links liegen, sie wollte nicht wahllos irgendwo anfangen, und außerdem war sie mit einer bestimmten Erwartung hierher gekommen.
Nachdem sie durch mehrere Räume gegangen war, wurde die Beleuchtung mit einemmal stärker, eine ganze Flucht von ineinander übergehenden Räumen erstrahlte in einem grellen Licht, und am Ende dieser Räume war eine Wand als Abschluß, vor der, soviel sie von weitem erkennen konnte, Figuren in Lebensgröße mit bunten Trachten und Kopfmasken standen.
Es waren kaum Leute in der Ausstellung, sie konnte in aller Ruhe an den Vitrinen entlanggehen, Beschriftungen entziffern, den Kopf schief

halten, ohne dadurch auch nur das geringste Aufsehen zu erregen. Selbst der Museumsdiener, der in diesen Räumen Dienst hatte, ein älterer Mann, offensichtlich mit Erfahrung, sprach sie nicht an, wollte sie auf nichts aufmerksam machen, warf nur hin und wieder einen Blick nach ihr, um zu sehen, ob sie nichts mit den Fingern berührte oder nicht doch eine Frage an ihn hatte.

Und sie vertiefte sich in die bemalten und bestickten Stoffe, die geschnitzten und gebrannten Kalebassen, verglich Muster mit Muster und versuchte sich mit immer wacheren Sinnen Farbzusammenstellungen einzuprägen, was sie aber bald wieder aufgab, um das Übermaß an Farbfrische und Gewagtheit auf sich einwirken zu lassen. Es juckte sie an den Händen, zumindest einen Finger an all die Brot- und Keramikfigürchen zu legen, ihre Ballung in den tragbaren Hausaltären abzutasten, über die Federn der Tempeltänzer-Bekleidungen zu streichen oder sich von der Härte glänzender Lackfarben der Papiermaché-Figuren zu überzeugen.

Sie konnte sich nicht und nicht sattsehen an all der Achtung, die selbst dem vulgärsten Material entgegengebracht wurde, an der großartigen Sicherheit, mit der aus allem das scheinbar einzig Richtige gemacht wurde, ohne daß den Gegenständen jene Kostbarkeit und Erlesenheit anhaftete, an der ihr sonst soviel lag. Sie wußte, daß einzelne dieser Objekte bereits von unschätzbarem Wert sein mußten, da sie entweder alt oder auf kaum mehr bekannte Weise hergestellt worden waren, trotzdem war es etwas anderes, Handfesteres, von dem man annahm, man könne es unter Umständen selbst machen. Und sie empfand eine heimliche Geborgenheit in den Mustern, von denen sie sich immer mehr umgeben fühlte, Muster, die in ihrer Vorgegebenheit, in ihrer unendlichen Bestimmtheit eine Ruhe übertrugen, die in sie einzusickern schien. Und je länger sie auf und ab ging, desto größer wurde die Heiterkeit in ihr und der Wunsch, sich mit diesen Gegenständen zu indentifizieren, in ihnen aufzugehen.

Der Museumsdiener mußte sich mehrmals räuspern, ehe sie auf ihn aufmerksam wurde, und als sie hinsah, zog er eine Uhr aus der Tasche und blickte angestrengt auf das Zifferblatt, da wußte sie, daß sie gehen mußte. Sie stand vor beinahe meterhohen Gebilden aus bemaltem Ton und Keramik, Lebensbäumen, in deren Ästen von Blumen umgebene Menschen und Tiere hockten. Manche dienten als Kerzenständer, die meisten aber waren einfach für sich als Sinnbilder, zur Freude der Augen hergestellt, Marktbaum, Lebensbaum, Baum des vergessenen Hundes.

Es war bereits dunkel draußen, der Regen hatte aufgehört, dafür wehte ein wider Erwarten warmer Wind, der sich entgegen der Jahreszeit wie Föhn anfühlte. Sie beschloß, zu Fuß nach Hause zu gehen, drückte den Hut tief in die Stirn und spürte, wie der Wind ihr langes Haar, das unter dem Hut hervorschaute, aufhob und waagrecht vom Körper fortblies. Sie hielt sich mit beiden Händen am Schulterriemen ihrer Tasche fest und stapfte immer dem Wind entgegen, durch mehrere aneinander anschließende Parkanlagen, um die Straße zu umgehen. Von den Büschen und Bäumen wehte der Wind die Wassertropfen, so daß sie ein paarmal glaubte, es hätte wieder zu regnen begonnen, aber als sie sich dann doch quer durch die Innenstadt bewegte, hatte der Wind die Straße zur Gänze getrocknet.

Sie ging mit einer seltsamen Beherztheit durch den immer größer werdenden Kontrast von Licht und Dunkel, mit einem auf kein bestimmtes Ziel gerichteten Mut, der sie gewiß laut hätte schimpfen lassen, wenn jemand sie angerempelt hätte. Nach dem langen Stehen im Museum tat ihr das kräftige Ausschreiten ungemein gut und sie genoß es, wenn die Straße sich plötzlich lichtete und in einen Platz überging, sich gegen den Wind zu stemmen, ohne dabei den Kopf schief zu halten, wie es die meisten anderen taten. Sie blieb auch vor keiner der vielen hell erleuchteten Auslagen stehen, ohne daß sie diese ungewöhnliche Unterlassung überhaupt merkte. Es fiel ihr sogar schwer, vor Kreuzungen halt zu machen und mit all den Menschen, die einem ganz anderen Rhythmus unterworfen waren als sie, zu warten, bis es grün wurde, und sie die Straße überqueren konnte. Ein einzigesmal nur kam es ihr kurz in den Sinn, daß sie etwas hätte besorgen wollen, aber sie vergaß es beim nächsten Schritt.

Als sie sich der Brücke, die über den Kanal führte, näherte, schlug ihr feuchtkalte Luft entgegen und eine riesige Möwe streifte beinah ihren Hut. Sie mußte eine Baustelle umgehen, was sie einigermaßen irritierte, da es ihr Tempo verlangsamte

und als sie bis zur Mitte der Brücke gekommen war, blieb sie ganz stehen, trat ans Geländer, lehnte sich dagegen und starrte ins Wasser, dessen Bewegung sich nur undeutlich ausnehmen ließ. Ihr Herz klopfte und sobald sie die Augen schloß, sah sie wieder jenes seltsame Rot des Plakats vor sich, dann ein Keramikgrün und ein Pappmaché-Türkis und die Lider begannen sie zu schmerzen.
Sie fuhr auf, als jemand sie am Arm anstieß. Sie Fräulein, sagte ein alter, etwas gekrümmt dastehender Herr in einem Gummimantel, geben Sie acht, daß Sie da nicht hinunterspringen. Das Wasser zieht an! und er klopfte mit seinem Bergstock gegen die Stäbe des Brückengeländers, als wolle er durch den Lärm, der dabei entstand, die Kraft des Wassers bannen.
Als sie begriffen hatte, wovon die Rede war, mußte sie hellauf lachen. O nein, sagte sie, nein, nein, im Gegenteil und sie drehte sich auf dem Absatz um und verfiel regelrecht in Laufschritt.

Es mußte kurz nach sechs sein, denn sie kam an einer Reihe von Läden vorbei, die gerade die Rollos herunterließen oder die schmiedeeisernen Türgitter vorhängten. Die zu beiden Seiten der Straße dahinströmende Menschenmenge wurde immer dichter und sie war froh, daß sie sich bald darauf in die große Toreinfahrt des Hauses, in dem sie wohnte, flüchten konnte. Sie sah noch einmal nach, ob vielleicht auch am Nachmittag Post gekommen sei, fand aber nichts außer der Einladung zur Vernissage eines Malers, den sie während der Zeit, in der sie Bilder und Drucke gekauft, persönlich

kennengelernt hatte, und von dem sie sogar ein kleines Ölbild besaß.
Während sie die Treppe hinaufeilte, öffnete sie ihren Mantel, ihr war beim Gehen richtig warm geworden, und da fiel es ihr ein. Sie hatte vergessen, für Theo die Kalbsnieren zu kaufen. Er hatte sich für diesen Abend ausdrücklich Kalbsnieren in Rotwein mit grünen Erbsen gewünscht, eine Spezialität von ihr, und sie wußte, was es für ihn bedeutete, wenn sie seine Erwartung enttäuschte. Ich sage einfach, ich habe keine Kalbsnieren bekommen, dachte sie ein wenig erleichtert, aber was dann? Was konnte sie ihm statt dessen anbieten. Es würde eine zu durchsichtige Lüge sein, schließlich hätte sie etwas anderes, Ähnliches kaufen können. Das auch noch, dachte sie, denn ihr war eingefallen, daß sie außer ein paar Tiefkühlpackungen nichts zu Hause hatte. Weil, o Gott, dachte sie, weil ich nicht bloß diese blöde Kocherei im Kopf habe und ihr Trotz verhärtete sich zusehends.
Theo war bereits zu Hause und lag, mehr als er saß, in dem alten geflochtenen Schaukelstuhl, wie immer, wenn er aus dem Büro nach Hause kam und sich erst einmal entspannen wollte. Manchmal schlief er auch kurz dabei ein, und in besseren Zeiten hatte sie ihn dann mit einem Kuß zum Essen geweckt.
Ich habe die Kalbsnieren vergessen, sagte sie laut und ohne ihn zu begrüßen, während sie ihren Mantel aufhängte, den Hut abnahm und gleich ins Badezimmer ging.
Macht nichts, sagte Theo, vielleicht hättest du gar keine bekommen, man kriegt sie nicht jeden Tag,

aber sie merkte ihm an, daß er enttäuscht war. Er rieb sich die Augen, hob kurz den Kopf, um zu sehen, was sie anhatte und ließ ihn dann wieder sinken. Wir können auch etwas anderes essen.
Ich habe überhaupt vergessen, einzukaufen, sagte sie und fuhr dabei zusammen. Sie merkte, daß ihre Stimme drohend geklungen hatte.
Theo antwortete nicht, aber sie konnte es nicht lassen, obwohl es gegen ihren Willen war.
Du mußt schon entschuldigen, sagte sie, aber ich denke hin und wieder auch an anderes, als ans Kochen. Ich war in einer Ausstellung und dabei habe ich mich so in die Materie vertieft, daß ich auf alles andere vergessen habe. Eine großartige Ausstellung, über lateinamerikanische Volkskunst, einfach umwerfend . . .
In diesem Augenblick wäre sie bereit gewesen, weiter darüber zu sprechen, ihm, wie sie es früher oft getan hatte, von ihren Eindrücken zu erzählen, ihn teilhaben zu lassen, an dem, was sie offensichtlich fesselte. Sie wäre bereit gewesen, sich zu ihm auf die Lehne des Schaukelstuhls zu setzen und ihm die Bemalung der großen Keramikteller zu schildern und ihn dann, nachdem sie ihn mit ihrer Aufgekratztheit angesteckt hatte, dazu zu bringen, mit ihr chinesisch oder italienisch essen zu gehen.
Ach diese Ausstellung, sagte Theo, den bunten Klimbim, den die Indios machen. Daß dich das so begeistern kann. Ich dachte, du magst nur Kostbares. Klimbim? ihre Stimme hatte einen seltsam hohen Ton erreicht und sie versuchte, sich zurückzunehmen. Das meinst du doch nicht im Ernst. Mit Klimbim hat das wohl nichts zu tun.

Sie stand vor der Tiefkühlbox ihres Eisschranks und griff eine Packung nach der anderen heraus, um zu sehen, was darauf stand.
Willst du Jägerlaibchen mit Rotkraut oder Germknödel mit Mohn?
Aus der Tiefkühlpackung? fragte Theo, der von seinem Platz im Eßraum aus, in den die Küche überging, alles sehen konnte.
Wie du siehst, sagte sie, wie du ganz genau siehst und weißt. Und plötzlich war ihr klar, daß es heute noch dazu kommen würde.
Du bist gereizt, sagte Theo. Ich wollte dich nicht provozieren. Mach, was du für richtig hältst.
Ich weiß, sagte sie, wenn es keine Kalbsnieren in Rotwein mit Zuckererbsen gibt, ist es dir egal, womit du dich vollstopfst.
Sybill, sagte Theo, ich bitte dich, muß das sein? Du weißt, ich bin um diese Zeit hundemüde, ich möchte ein bißchen ausspannen und dann in Ruhe und Frieden zu Abend essen. Ich habe einen schweren Tag hinter mir . . . und er schloß die Augen.
Also was willst du jetzt, die Jägerlaibchen oder die Germknödel? Sag schon, damit ich endlich anfangen kann.
Theo öffnete mit einem Seufzer die Augen und meinte, hör zu Sybill, wollen wir nicht irgendwohin essen gehen. Ich sehe schon, aus dem gemütlichen Abend zu Hause wird nichts, und dabei beugte er sich etwas nach vor, als sammle er genügend Kraft, um sich endgültig zu erheben.
Nein, sagte sie, gib dir bloß keine Mühe, überanstreng dich ja nicht, wir werden nirgendwohin essen gehen, nur ich gehe, ich werde gehen.

Wohin willst du denn? fragte Theo, scheinbar belustigt, so als glaube er wirklich daran, daß sie nun allein zum Essen ausgehen würde.
Zurück zu Feininger, hörst du, ich gehe zurück zu Feininger und nichts in der Welt kann mich davon abhalten.
Das ist es also, sagte Theo, darüber läßt sich reden. Gern sehe ich es nicht, aber vielleicht läßt sich eine Möglichkeit für halbtags finden oder bloß ein paarmal die Woche. Er klang nun wie ihr Vater, der sich mit zitternder Stimme selbst zu beruhigen suchte, wenn sie aus der Schule eine schlechte Note nach Hause gebracht hatte, und er bitter enttäuscht war. Für ganz möchte ich dich nicht dorthin zurücklassen, du bist dann am Abend genau so abgespannt wie ich und ... und das wäre mir nicht recht.
Ich gehe überhaupt, sagte sie, ob es dir recht ist oder nicht, ich gehe überhaupt ... sie hatte die letzten Worte nur geflüstert. Theo hatte noch nicht begriffen, nur seine Augen weiteten sich immer mehr.
Du meinst, du willst mich verlassen? Er war aufgestanden und kam auf sie zu. Verlassen, verlassen, äffte sie ihn nach, was heißt da verlassen. Ich gehe einfach, ich gehe meiner Wege. Ich halte es nicht mehr aus, ich will nicht mehr, ich will allein sein! und sie trommelte dabei mit dem Kochlöffel, den sie in der Hand hielt, auf den Rand des Abwaschbeckens.
Sybill, sagte Theo, Sybill, bitte ... und er versuchte sie zu umarmen, was sie nicht zulassen wollte, und er drängte sie immer weiter, bis sie auf den Kü-

chenstuhl fiel, sich zwangsweise setzen mußte, und er mit seiner Umarmung abrutschte, bis zu den Knien, die er fest an sich preßte und dabei den Kopf in ihrem Schoß vergrub.

Sybill, sagte er immer wieder, das darfst du nicht tun, das ist ungerecht, das ist wirklich ungerecht, du darfst mich nicht im Stich lassen, ich tue alles, du weißt es, die Wohnung und die Reisen, ach Sybill, und er bohrte sein Gesicht in ihren Schoß, als könne er sie so festhalten, während sie stumm und aufrecht dasaß. Was heißt ungerecht, dachte sie immer wieder, was heißt da ungerecht. Und dann fiel ihr Blick auf das Fleischmesser, das von einer Wurstsemmel her, die sie sich zu Mittag gemacht hatte, auf der Anricht lag, und sie hatte große Lust, das Messer in die Hand zu nehmen und ihm, während er so zu ihren Füßen kauerte, mit einem einzigen Schnitt den Nacken zu durchtrennen, damit es ein für allemal zu Ende war, und sie sich und ihn nicht länger quälen mußte.

Haschen nach Wind

Sie stand so dicht vor der spiegelnden Auslagenscheibe, daß ihr Atem Spuren auf dem Glas hinterließ. Es war Mittagspause, das Geschäft war geschlossen, und sie mußte die Hände an die Scheiben legen, um genau sehen zu können. Von Zeit zu Zeit blickte sie auf ihre eigenen Schuhe hinab, die noch nicht einmal unmodern waren, aber sich um die Zehen herum bereits geworfen hatten, das Leder war von spinnwebartigen Sprüngen überzogen und die Farbe nachgedunkelt. Die Schuhe, die sie drinnen sah, es gab nur ein einziges Paar, das ihr wirklich gefiel, waren nicht einmal sosehr teuer als luxuriös, paßten sie doch nur zu einem einzigen ihrer Kleider, zu diesem aber sehr, und sie stellte sich vor, wie sie am Sonntag nachmittag mit ihren Freundinnen in der Kaffee-Konditorei saß, wie sie dann in der Wärme und dem Zigarettenrauch die Beine übereinanderschlagen und mit den Fersen wippen würde. Ein Paar violetter Schuhe zu einem violetten Kleid und dazu eine pinkfarbene Tasche ... aber die würde sie im ganzen Ort nicht zu kaufen kriegen. Es war trotz der Sonne eiskalt, und der Wind kroch an ihren Beinen hoch, daß sie sie noch fester zusammenpreßte. Wenn sie wollte, konnte sie anstelle der Schuhe ihr Spiegelbild in der Auslagenscheibe sehen und sie fragte sich, ob es stimmte, daß der Umfang der Oberschenkel zunahm, wenn man Mini-Röcke trug. Ihren Beinen hatte bis jetzt nichts etwas anhaben können, die

Kälte nicht, noch das Wachsen, sogar die Turnlehrerin hatte zugeben müssen, daß das in ihrem Alter ungewöhnlich, bei ihr aber so war. Das bißchen Kälte würden sie schon aushalten, sie würde nur morgen eine wärmere Strumpfhose anziehen. Die Großmutter redete ohnehin dauernd von einer Eierstockgeschichte, die sie sich noch holen würde.

Die anderen standen schon bei der Autobushaltestelle am Hauptplatz, und als sie hörte, wie der Bus einfuhr, ging auch sie hin. Sie konnte sich Zeit lassen. Es würde eine Weile dauern bis alle Leute, die in die Nachbarortschaft fuhren, eingestiegen waren, und da sie als erste im nächstgelegenen Weiler aussteigen würde, hatte es keinen Sinn sich vorzudrängen, wie das die Buben aus den unteren Klassen taten, um auf der hintersten Sitzreihe, die nicht durch einen Gang geteilt war, nebeneinander sitzen und blödeln zu können.

Ihre Schulsachen hatte sie in einer Fluglinientasche über der Schulter hängen; es wußten zwar alle, daß sie noch zur Schule ging, aber man mußte es ihr nicht auch noch ansehen. Noch den polytechnischen Lehrgang und dann, dann würde sie endlich in die Lehre gehen, etwas verdienen. Tante Milli würde ihr einen Platz suchen, so schwierig konnte das nicht sein. Es herrscht ein Mangel an Lehrlingen, in jeder Branche, hatte sie Tante Milli einmal sagen hören. Sie würde schon das Richtige für sie finden.

Komm nur, komm ... sagte sie zu dem langhaarigen schwarzen Hund, der quer über den Hauptplatz auf sie zugelaufen kam, und den sie seit ihrer

Kindheit kannte. Er gehörte dem Taxi-Fahrer, der seinen Standplatz hinter der Autobushaltestelle hatte, und das Leben des Hundes spielte sich wie das seines Herrn auf diesem Platz ab.

Geh weg! rief sie gleich darauf, als der Hund, dessen weiches Fell sie an ihren Beinen gespürt hatte, ihr mit seiner naßkalten Schnauze unter den Rock gefahren war, wie er es meistens tat, und sie ein Gefühl hatte wie als kleines Kind, wenn sie im Klo die Hose zu früh raufgezogen hatte. Der Hund versuchte nun vorne an ihr hochzuspringen, aber sie wehrte ihn ab, indem sie: Sitz! und: Platz! rief, ohne daß der Hund sich sehr darum gekümmert hätte. Als sie aufschaute, merkte sie, daß ein paar von den größeren Burschen, die beinah zu jeder Tageszeit an einer bestimmten Stelle des Platzes herumstanden, ihr zugesehen hatten und mit der Zunge seltsame Bewegungen machten, wobei sie in Lachen ausbrachen.

Wie zu erwarten, bekam sie keinen Sitzplatz mehr und mußte, eingepfercht zwischen Männern und Frauen in schweren Lodenmänteln, die in der Wärme zu dampfen anfingen, dastehen, und einer von den Buben sagte etwas über ‚die Liesi mit die schönen Füß' gerade so laut, daß sie es hören konnte. Anfangs hatte sie sich darüber geärgert, aber seit Tante Milli ihr gesagt hatte, sie solle froh sein, daß sie sowas und nichts anderes sagten, machte es ihr nichts mehr aus. Sie war eben ‚die Liesi mit die schönen Füß' aus der 4a. Und was ist mit meinen Augen, meinem Mund, meiner Nase, meinen Haaren? Ist das alles nichts? Wenn sie erst in der Lehre war und anfangen durfte, sich

zu schminken, dann würden schon alle schauen. Auch die Haare wollte sie sich färben lassen, entweder ganz blond oder ganz schwarz, was besser zu ihr paßte, sie wollte es mit einer Perücke ausprobieren.
Draußen fuhr der kleine Fiat des Fachlehrers vorbei, und sie konnte nicht verhindern, daß es ihr heiß aufstieg. Früher hatte er sie manchmal mitgenommen, wenn sie den Autobus versäumt hatte. Er wohnte im selben Weiler wie sie, war fast ein Nachbar, und von ihrem Zimmerfenster aus konnte sie die umgebaute ehemalige Sommerküche sehen, in der er sich eingemietet hatte.

Sie roch den Geruch. Sie roch ihn immer, wenn sie von draußen hereinkam. Zumindest für ein paar Augenblicke. Den Geruch der beiden alten Leute, die sich nicht mehr oft badeten, denen das Waschen schon beschwerlich war, zumindest der Großmutter. Es war kein besonders ausgeprägter Geruch, kein Gestank in dem Sinn, aber sie roch es. Sie roch es an der Decke, die über der Eckbank lag, auf der sich der Großvater hinlegte, wenn er von der Arbeit kam und noch Zeit bis zum Essen blieb, sie roch es an den Handtüchern, sie roch es schon im Gang draußen, wo die Mäntel hingen.
Das Essen stand im Rohr, eine Schwammerlsauce, auf der sich eine dünne Haut gebildet hatte, und ein großer Semmelknödel, der langsam in sich zusammenfiel. Sie war letzten Sonntag wieder mit dem Großvater im Wald gewesen und da hatten sie Herrenpilze gefunden, die kaum angefressen waren, weder von den Schnecken, noch von Wür-

mern. Eigentlich schade drum für eine Sauce. Aber die Großmutter hatte gesagt, sie könne nichts anderes, sie habe ihr Leben lang aus Pilzen immer nur eine Sauce oder eine Suppe gemacht und niemand könne verlangen, daß sie nun mit etwas anderem anfangen solle, wo sie es noch dazu gar nicht könne.

Während sie aß, sie hatte den Teller auf dem Schoß und saß auf der Wäschebank neben dem Herd, fiel ihr Blick auf das Hochzeitsbild ihrer Eltern, das im Spiegelrahmen über der Wasserleitung steckte, glitt über die deutlich sichtbar retouchierten Gesichtszüge zweier ihr fremder Menschen, die einander auf verlegene und doch freundliche Art in die Augen sahen. Sie hatte oft und oft versucht, sich an sie zu erinnern, zumindest an irgendetwas, das mit ihren Eltern zusammenhing, aber da war nichts, gar nichts und selbst wenn sie sich manchmal einbildete, sie müsse sich an etwas, das ihr die Großmutter erzählt hatte, erinnern können, wußte sie nicht, welches Gesicht sie dieser Erinnerung geben sollte, es fiel ihr immer nur das Hochzeitsfoto ein. Sie war doch zu klein gewesen, damals, als es passierte, als ihr Vater und ihre Mutter mit dem Motorrad vom Kirtag nach Hause fuhren, vom Weg abkamen und in einen Abgrund stürzten, der eigentlich eine Sandgrube war, die sehr tief abfiel. Die Herrenpilze hatten sie in der Nähe der Sandgrube gefunden.

Warum sie diesen Weg gefahren sind, versteh ich bis heute nicht, sagte der Großvater jedesmal, wenn sie dort vorbeikamen. Ausgerechnet diesen Weg, sie hätten doch auf der Straße näher gehabt. Und getrunken hat er auch nichts, der Friedl, ich versteh es einfach nicht.

Es war nie geklärt worden, warum die Eltern damals in den Tod gefahren waren, und der Vorfall überlebte als Legende, viele Leute datierten auch andere Ereignisse nach dem Jahr, in dem der Wiesenthaler Friedl mit seiner Frau in die Sandgrube gestürzt war, ohne einen Rausch gehabt zu haben, wie die anderen Kirtaggeher immer wieder bekräftigt hatten.

Und während der Großvater im Wald noch immer nach Spuren und Hinweisen suchte, die ihm das Unerklärliche klären helfen sollten, war für sie der Wald immer mehr der Ort geworden, in dem Rübezahl wohnte, ein Rübezahl mit einem weiten Lodenumhang und einem langen Bart, der auch sicher wußte, warum alles so gekommen war, bei dem die Fäden zusammenliefen, der aber auch seine Hand darüber hielt. Sie mußte oft an die Geschichte denken, die von zwei kleinen Kindern handelte, deren Eltern gestorben waren und denen Rübezahl und die schönste Tanne seines Waldes eine Jugend lang Eltern und zu Hause vorgespielt hatten, bis die Kinder groß genug waren, um hinaus in die Welt zu gehen. Und manchmal, wenn der Großvater besonders nett zu ihr gewesen war, überlegte sie, ob nicht zeitweise der Rübezahl in seine Gestalt geschlüpft sei, auch der Großvater kannte sich sehr gut aus im Wald, nur die Großmutter konnte sie sich nicht und nicht als Tannenfee vorstellen. In den letzten Jahren aber hatte sie immer seltener an den Rübezahl gedacht, meist nur dann, wenn ihr nachts von ihm geträumt hatte, auf eine angenehme, verwirrende Art, die sie bis in den Schulvormittag hinein irritierte und sosehr diese Träume auch im einzelnen voneinander abwichen, eines hatten sie gemeinsam, nämlich daß der Rübezahl irgendwann seinen Lodenumhang über sie deckte, nachdem er sie aufgehoben und in die Arme genommen hatte und daß sie seinen Bart, wie einen Bach über sich hinwegfließen hörte.

Sie horchte auf den lauten Atem der Großmutter, der schon wie Schnarchen war, das durch die geschlossene Tür des Nebenzimmers drang. Die Großmutter legte sich immer ins Bett, wenn sie sich hinlegte, nicht auf die Eckbank wie der Großvater, sie schloß die Läden und legte sich ins Bett, ohne sich auszuziehen, und lagerte ihren wehen Fuß auf mehrere Pölster, die sie übereinandertürmte. Wenn sie dann gegen drei aufwachte, kam sie in die Küche gehumpelt und stellte Kaffeewasser auf. Seit Liesi in der vierten Klasse war, durfte sie Bohnenkaffee trinken, wenn auch nur mit viel Milch. Erst wenn der Kaffee angefangen hatte, seine Wirkung zu tun, wurde die Großmutter gesprächig. Das war dann der Zeitpunkt, wo Liesi ihre Schultasche nahm und hinauf in den oberen Stock ging, um ihre Schulaufgaben zu machen.
Die Sonne war wieder verschwunden und es windete stark, was sie an den Ästen des Nußbaums, die bis vor das Küchenfenster reichten, sehen konnte. Sie überlegte, was sie tun wollte, wenn sie die Aufgabe gemacht hatte. Vielleicht würde sie zu Herta hinübergehen und fragen, ob sie ihr helfen konnte. Herta war Schneiderin und Liesi

half ihr manchmal bei den einfacheren Sachen, dafür nähte Herta ihr hin und wieder etwas. Der Weg zu ihr führte so am Häuschen des Fachlehrers vorbei, so daß er sie sehen konnte, wenn er bei seinem Schreibtisch am Fenster saß.
Herta war zwanzig und wollte bald heiraten, aber Liesi gefiel Thomas, der im selben Werk wie ihr Großvater arbeitete, nicht. Er hatte eine unreine Haut und schnitt sich beim Rasieren, so daß er immer irgendwo ein Pflaster kleben hatte. Ihr war unklar, warum er sich nicht wenigstens einen Bart wachsen ließ, und sie konnte sich nicht vorstellen, wie man es fertigbrachte, mit ihm zu schmusen. Sie hatte Herta einmal danach gefragt. Herta war zuerst böse geworden, dann aber hatte sie gesagt, daß sie sowieso nur im Finstern schmusen würden und da wären die Wimmerln nicht zu sehen. Außerdem würden diese vergehen, wenn sie ihm das richtige Essen kochte von was anderem auch noch, nämlich von dem, was nach dem Schmusen kommt. Ich weiß, hatte Liesi darauf gesagt, aber wenn es nicht stimmt, wenn die Wimmerln nicht vergehen, dann stehst da.
Sie, Liesi, würde keinen Mann wollen, der Wimmerln hatte, auch nicht wenn die später vergingen. Sie wollte einen, mit dem man auch bei Tag schmusen konnte und der nicht immer irgendwo eine Blutkruste oder ein Pflaster kleben hatte.
Das Zimmer, in dem Liesis Bett stand, hatte einen schrägen Plafond, es war gleich unter dem Dach, daneben hatte sich früher das Schlafzimmer der Großeltern befunden, aber seit die Großmutter den wehen Fuß hatte, war das Schlafzimmer unten und

das Wohnzimmer heroben. Das Wohnzimmer wurde ohnehin nur an Sonn- und Feiertagen benutzt und auch dann nur, wenn sie Besuch erwarteten. Dafür hatte der Großvater Liesi im Vorjahr für ihr Zimmer einen kleinen Ölofen gekauft, damit sie ihm nicht eines schönen Tages erfriere, wie er sagte, ganz allein da droben.

Sie hatte das Mathematikbuch und das Hausarbeitenheft aufgeschlagen und wollte mit der Aufgabe anfangen, als der Bauch sie zu drücken begann, und sie noch einmal hinunter mußte, es gab nur unten ein Klo. Sie nahm gleich die Watte mit, sie war sicher, daß ihre Regel gekommen wäre, aber es war nichts. Sie ließ die Watte unten, wie sonst auch während dieser Zeit, außer ihr und den Großeltern wohnte ja niemand im Haus.

Sie würde sich Zeit lassen mit dem Heiraten, auch wenn sie schon zwanzig war, bis der Richtige kam. Einer, mit dem sie sich sehen lassen konnte, der sie überallhin mitnahm, auch ins Ausland, wenn er dort zu tun hatte oder auf Urlaub. Er mußte nicht reich sein, nur gut verdienen sollte er, damit sie sich was leisten konnten, und sie nicht bei jedem Paar Schuhe nachdenken mußte, zu wievielen Kleidern es paßte. Sie wollte mit ihm auch woanders wohnen, nur auf Besuch oder im Sommer hierherkommen, mit den Kindern, wenn sie einmal welche hatte, damit sie im Wald spazierengehen konnten und Heidelbeeren und Schwammerl suchen oder den Rübezahl. Aber bis dahin, bis es soweit war, würde sie einen Beruf haben und eine Menge Freunde und immer mit dem, der gerade am nettesten war, ausgehen oder mit ihren Kolleginnen auf

Urlaub fahren, irgendwohin ans Meer, wo man schnell braun wird, und da würden sie schon ihre Hetz haben.

Liesi hatte nicht gewartet bis die Großmutter aufgewacht war und nun hörte sie, wie sie ans Geländer geklammert, den wehen Fuß nachziehend, heraufkam, um ihr eine Schale Kaffee zu bringen. Sie ging an die Tür und öffnete ihr, nahm ihr aber den Kaffee gleich ab, um zu verhindern, daß sie sich setzte und anfing, sie über den Tag und die Schule auszufragen.
Ich muß noch Rechnungen machen, sagte sie, und dann geh ich zur Herta rüber, sie soll mir noch bis Weihnachten ein Kleid machen.
Aus was denn? fragte die Großmutter. Du glaubst, du brauchst nur anzuschaffen und schon kriegst du alles.
Ihr stieg die Röte auf, mehr aus Zorn, denn aus Beschämung. Ich hab den Großvater schon gefragt, und er hat ja gesagt. Ich brauch nur zu sagen, was für einen Stoff ich will.
Der Großvater hat dir schon immer alles reingesteckt.
Liesi ließ sie reden, sie wußte, daß die Großmutter wütend war, wütend darüber, daß sie keine Lust gezeigt hatte, sich von ihr ausfragen zu lassen und ihr den Tratsch aus dem Ort zuzutragen. Seit die Großmutter den wehen Fuß hatte, kam sie nur noch selten aus dem Haus und war um so neugieriger auf alles, was in der Umgebung geschah.
Weil du dir auch alles so kurz machen läßt, hörte sie die Großmutter, die wieder im Hinuntergehen

war, noch sagen. Drum brauchst du auch dauernd was Neues. Und wachsen tust du auch noch.
Ich wachs nicht mehr, rief Liesi ihr nach, während sie die Tür schloß. Und zu sich selbst sagte sie, ich wachs nicht mehr, weil ich nicht mehr wachsen will. Ich bin groß genug für meine Figur.

Es war noch hell draußen, als sie ihre gelbe Flauschjacke, die beinah so lang wie der Rock war, überzog und zu Herta ging. Sie kam nahe genug am Häuschen des Fachlehrers vorbei. Er hatte bereits Licht brennen, und sie konnte ihn an seinem Schreibtisch sitzen sehen, wo er sicher Hefte korrigierte, die 3b hatte gestern Englisch-Schularbeit gehabt.
Und plötzlich überkam sie eine solche Sehnsucht, daß sie stehenblieb. Sie schaute sich um, ob niemand in der Nähe war, dann ging sie ein paar Schritte weiter auf das erleuchtete Fenster zu. Es war gerade noch hell draußen, so hell, daß er sie sehen mußte. Da fiel sein Blick, der über den Zeilen in den Heften hin- und hergeglitten war, auf sie, und sie sah, wie er sich auf die Lippen biß, sie einige Augenblicke anstarrte und dann mit der Hand das Zeichen machte. Sie nickte und drehte sich auf dem Absatz um. Erst als sie völlig außer Atem bei Herta ankam, merkte sie, daß sie ziemlich schnell gelaufen war.
Auch Herta hatte schon Licht brennen. Was bist denn so gelaufen? fragte sie. Damit mir warm wird, und Liesi rieb ihre Hände über dem Dauerbrandofen. Sie setzte sich, und Herta gab ihr verschiedene Kleidungsstücke, an denen die Heft-

fäden auszuziehen waren. Herta hatte das Radio aufgedreht und sie hörten zu, ohne viel miteinander zu reden.
Machst du mir das Kleid noch vor Weihnachten? fragte Liesi einmal zwischendurch.
Wenn du mir nächste Woche den Stoff bringst, im Dezember erstick ich dann in der Arbeit.
Ich werde es dem Großvater sagen, meinte Liesi, dann waren sie wieder still.

Sie hatten Ende September noch einen Schulausflug gemacht, eine Bergwanderung, es war nicht sehr weit bis zum Schutzhaus und auch nicht gefährlich. Es war warm gewesen, und das Laub hatte gerade erst angefangen, sich zu verfärben. Sie waren lange auf schattigen Wegen durch den Mischwald gegangen, dann durch Nadelwald, bis die Lichtungen immer größer wurden, und sie sich vor dem Schutzhaus auf die hölzernen Bänke, um die hölzernen Tische setzten, ihre Brote auspackten und dazu Coca-Cola tranken. Der Klassenvorstand hatte eine Gallenkolik und konnte nicht mitkommen, dafür hatten der Fachlehrer und die Turnlehrerin die Begleitung übernommen.
Der Fachlehrer hatte sich zu den Mädchen an den Tisch gesetzt, und sie zogen sich gegenseitig auf, waren auch ganz schön frech zueinander, ohne daß sich der Abstand dadurch verringert hätte. Sie hatten bis zum Vorjahr jemand anderen in Englisch gehabt. Der neue Fachlehrer aber war, verglichen mit den anderen Hauptschullehrern, noch ziemlich jung und sah auch gut aus.
Sie hatten sich anschließend in die Sonne gelegt

und später waren sie herumgetollt, wie die kleinen Kinder, und so hatten sie beinah die Zeit übersehen. Der Fachlehrer war mit der Turnlehrerin im Wald spazierengegangen, worüber sich die Mädchen die Mäuler zerrissen, aber so schön war die Turnlehrerin auch wieder nicht, und auf dem Rückweg war der Fachlehrer wieder bei den Mädchen geblieben und hatte ihnen über die Wurzelstrünke und die Weidengatter geholfen. Und weil sie sich vor lauter Lustigsein ziemlich Zeit gelassen hatten, kamen sie in die Dunkelheit und da war es dann auch, als der Fachlehrer ihr über ein Weidengatter half, daß seine Hand die ihre verfehlte und an ihren oberhalb der Kniestrümpfe nackten Beinen hinaufglitt, eine Zeitlang so, als suche er noch immer ihre Hand, doch dann war es etwas anderes, und sie spürte genau, daß es etwas anderes war, aber sie war so erschrocken, daß sie sich nicht rühren konnte, auch dann nicht, als der Fachlehrer die Hand wieder weggenommen, sie am Ellbogen gepackt und beinah angeschrien hatte, sie solle doch endlich kommen, sie würden sonst die anderen verlieren und wirklich, soweit sie das in der Dunkelheit ausnehmen konnte, waren die anderen schon weitergegangen, und als sie wieder Boden unter den Füßen hatte, spürte sie ihr Herz laut und wild klopfen.

Später dann im Ort hatten sie sich alle voneinander verabschiedet und der Fachlehrer war mit der Turnlehrerin in den Goldenen Adler gegangen, weil er, wie er sagte, nichts zu Hause hatte und die Luft ihn ordentlich hungrig gemacht hätte.

Es war bald Essenszeit und im Radio hatten die Sechsuhrnachrichten begonnen. Ich muß heim, sagte sie zu Herta, der Großvater ist sicher schon da. Sie ließ die Nähsachen auf dem großen Schneidertisch liegen und stand auf, ein wenig steif von der gekrümmten Haltung.
Willst du gleich ein Kind haben, wenn du den Thomas heiratest?
Ein Kind? Herta zog die Mundwinkel herunter. Damit hat es Zeit, aber wenn es kommt, ist es da. Immer die Pille ... das kann nicht gut sein. Da soll man leicht eine Embolie kriegen können, vor allem bei der sitzenden Lebensweise.
Wenn du einmal verheiratet bist, ist es so egal, sagte Liesi, nahm ihre Jacke und ging in die Nacht hinaus. Diesmal rannte sie am Häuschen des Fachlehrers vorbei, ohne stehenzubleiben. Es war zu dunkel, er hätte sie ohnehin nicht mehr sehen können.
Der Großvater saß schon bei der Suppe, als sie hereinkam.
Ich soll dir ausrichten, daß mir die Herta das Kleid noch vor Weihnachten macht, wenn ich ihr nächste Woche den Stoff bring.
Was für einen Stoff? Der Großvater blies die noch dampfende Suppe, bevor er den Löffel zum Mund führte.
Du weißt schon, den, den ich dir neulich in der Auslage gezeigt hab, auf dem Hauptplatz ...
Sag mir, was er kostet, der Stoff, und ich geb dir nächste Woche das Geld. Dir geht alles nach Wunsch, sagte die Großmutter, ich bin neugierig, ob du es später auch so erwischst, wenn du einmal

einen Mann hast. Ob der auch immer ja und amen sagt, wenn du dir was einbildest.
Sie wird schon den Richtigen nehmen, da mach dir nur keine Sorgen, gelt Liesi! Und sie nickte dem Großvater zu, als gäbe es daran nicht den geringsten Zweifel.
Nach dem Essen spielte sie noch eine Partie Karten mit dem Großvater, während die Großmutter das Geschirr in die Abwasch stellte. Eigentlich hätte Liesi abwaschen sollen, aber als sie mit dem Kartenspielen fertig waren, hatte die Großmutter das Geschirr schon selbst gewaschen, und ihr blieb nur, es abzutrocknen und wegzuräumen.
Ist was im Fernsehen? fragte der Großvater. Liesi schüttelte den Kopf. Nichts, was mich interessiert.
Ich möcht aber schon schauen, meinte die Großmutter und schaltete den Apparat ein. Liesi sagte, sie wolle noch was lesen, für die Schule, dann lief sie die Treppen hinauf, geräuschvoll wie immer, ging in ihrem Zimmer hin und her, man würde es unten hören können, richtete sich die Schulsachen für den nächsten Tag, die frischen Strümpfe und die Unterwäsche, schlug das Bett auf, füllte Wasser aus einem großen Krug in die Schüssel, die Wasserleitung befand sich unten, heroben hatte sie nur, was sie fürs Halswaschen und Zähneputzen brauchte. Als sie die Nachrichten im Fernsehen durch den Fußboden hören konnte, fühlte sie sich sicher genug, um die Treppe wieder hinunterzuschleichen. Sie hatte absichtlich nichts übergezogen, damit es keinesfalls so aussah, als wolle sie aus dem Haus. Die Tür der Veranda knarrte ein wenig, aber sie hoffte, daß das Fernsehen es übertönen würde.

Es empfing sie ein eiskalter Wind. Sie rannte, als gelte es ihr Leben, zum Häuschen des Fachlehrers hinüber. Vor das Fenster war ein dicker Vorhang gezogen, der kaum einen Schatten durchließ, und sie öffnete die Tür ohne anzuklopfen, damit niemand darauf aufmerksam wurde, daß der Fachlehrer noch Besuch bekam. Sie blieb im unerleuchteten Vorraum stehen und sah zurück auf das Haus, aus dem sie gekommen war. Das Zucken des blauen Lichts, das aus dem Fenster drang, beruhigte sie. Solange die Großeltern vorm Fernseher saßen, war sie sicher. Auch drinnen beim Fachlehrer lief der Fernseher. Am Programm ließ sich ablesen, wann ungefähr der Hauptfilm zu Ende sein würde. Es galt, das vorauszusehen, damit sie nach Möglichkeit bei Beginn der zweiten Nachrichten zu Hause war, denn um diese Zeit drehte die Großmutter den Fernseher ab, und es dauerte dann nicht mehr lange, bis sie schlafen ging, nachdem sie zuerst noch den Großvater wachgerüttelt hatte, der gewiß wieder auf der Eckbank eingeschlafen war. Und es folgte das große Gutenachtsagen, das sie nicht versäumen durfte.

Sie mußte zweimal klopfen, bevor die Tür im Zimmer sich öffnete. Der Fachlehrer füllte den Türrahmen fast zur Gänze aus, und der Bademantel, den er sich um die Schultern gelegt hatte, wirkte wie ein Umhang. Als er sie in der Dunkelheit gewahr wurde, nahm er sie an der Hand und führte sie, obwohl sie sicher war, daß man von draußen nichts sehen konnte, in den durch einen Wandschirm vom übrigen Raum abgetrennten Teil des Zimmers, der als Schlafraum diente und nur von dem blauen

Licht des Fernsehers erleuchtet war. Er mußte gerade, auf dem Bett liegend, eine Zigarette geraucht haben, denn sie konnte die Einbuchtung seines Körpers auf der Bettdecke und die waagrecht in der Luft hängenden Rauchschwaden sehen. Das Bett war breit und niedrig, zu breit für einen, und sie fragte sich, ob der Fachlehrer es von eh und je darauf abgesehen hatte, ob, wenn sie es nicht wäre, an ihrer Stelle nun eine andere hier mit ihm liegen würde.

Sie redeten kaum miteinander. Du, sagte er bloß, während er sie auf das Bett setzte, deinetwegen werden sie mich noch schnappen, sie werden noch kommen und mich holen und dich auch. Er kniete vor ihr nieder und begann sie auszuziehen. Er fing bei den Schuhen an, dann zog er ihr den Pullover über den Kopf. Und dabei sah er sie unentwegt an, jeden einzelnen Teil von ihr, so als müsse er ihren Hals, ihre Arme und Beine jeweils gesondert studieren. Er riß auch nicht an den Knöpfen ihrer Bluse, sondern öffnete sie alle sechse, beinah vorsichtig und einen nach dem anderen. Dabei küßte er sie nicht einmal, auch dann noch nicht, als sie bereits mit nacktem Oberkörper und über der Brust verschränkten Armen dasaß und nur darauf wartete, daß er sie sich hinlegen hieß, damit er ihr die Strumpfhose und das Höschen abstreifen konnte. Erst dann, als sie zitternd vor Blöße dalag und sich nicht mehr anders zu helfen wußte, als daß sie die Arme nach ihm ausstreckte, beugte er sich über ihr Gesicht, fing an sie zu küssen und bedeckte dann mit seinem noch angekleideten Körper den ihren vollkommen. So blieb er eine Weile, völlig regungslos, seine Arme auf ihren Armen, seine Beine auf ihren Beinen, sein Leib auf ihrem Leib, nur sein Mund weidete in ihrem Gesicht, bis sie unter der Last kaum mehr atmen konnte und sich zaghaft aber hartnäckig dagegenzustemmen begann, worauf er: ich weiß, ich weiß, sagte, sich aufrichtete und dabei auszog. Inzwischen hatte sie, in der momentanen Nacktheit wieder fröstelnd, die Decke zurückgeschlagen und sich in dem breiten Federbett verkrochen, darauf wartend, daß er ihr nachrückte und seinen heißen schweren Körper an den ihren drückte, sie mit den Armen umschloß, sein Gesicht an ihren Wangen rieb und sie als Ganzes abküßte, ohne daß sie viel mehr getan hätte, als ihre Hände um seinen Hals zu legen, an dem sie sich dann festhielt, wenn er sie plötzlich hochzog und sich auf den Schoß setzte, daß sein Glied langsam in sie eindringen konnte, so als hätte er Angst sie zu zermalmen, wenn er über sie kam. Und sie ließ auch das mit sich geschehen, ohne viel mehr dabei zu tun, als sich an seinen Hals zu drücken, den sie fest umklammert hielt. Und während er sie von sich schob und an sich preßte, fiel ihr Blick immer wieder auf den Fernseher, ob sie es wollte oder nicht, und sie fürchtete, daß das Programm zu Ende sein könne, früher als sie beide dachten oder daß sie es übersehen könnten und wenn sie meinte, es dauere nun schon zu lang und ihr schon alles wehtat, fing sie ihrerseits an, ihn zu küssen, auf den Hals und die Brust und da war es ohnehin um ihn geschehen. Dann lagen sie noch eine Weile nebeneinander, er, den Kopf in die Pölster vergraben, sie, leicht über ihn gebeugt und da mußte sie ihm übers Haar fahren, manchmal weinte er auch, und sie fühlte sich gleichsam erwachsen, wenn sie ihn mit ihrem Streicheln trösten konnte. Einmal hatte er sie auch geschlagen und gesagt, sie sei ein Luder, aber als sie sich vor ihm zu fürchten begann, hatte er sie wieder in die Arme genommen, sie abgeküßt und gesagt, daß ihm schon recht geschähe und daß sie wiederkommen müsse, er wisse sonst nicht wohin mit sich.

Und sie war wiedergekommen, nicht jeden Tag, aber immer wieder, und wenn sie tags darauf in der Schule saß, und er Unterricht gab, wobei er sie kaum je ansah oder wenn, dann so wie die anderen, konnte sie sich nicht mehr vorstellen, daß er derselbe war, daß sie ihn hatte weinen und stöhnen sehen, und manchmal kam sie abends nur zu ihm, um sich zu vergewissern, daß sie nicht geträumt hatte, daß es wirklich der Fachlehrer war, von dessen Küssen ihre Lippen geschwollen waren.

Ich werd gehen müssen, sagte sie und es war das erstemal, daß sie etwas gesagt hatte, außer dem Grüßen beim Kommen. Der Film wird gleich aus sein, die Musik ist schon so, daß er gleich aus sein wird, und sie deutete mit dem Kinn auf das flimmernde Bild. Ich weiß, ich weiß, sagte er. Und dann begann er sie anzuziehen, mit derselben Sorgfalt, nur etwas rascher, mit der er sie zuvor ausgezogen hatte und als er damit fertig war, nahm er einen Kamm von seinem Nachttisch und fuhr damit ihre Augenbrauen entlang und dann kämmte er ihr Haar.

Sie schlüpfte schaudernd vor der zu erwartenden

Kälte durch den dunklen Vorraum ins Freie hinaus, versuchte nicht allzusehr zu laufen, damit sie nicht außer Atem kam und sich so verriet. Durchs Küchenfenster konnte sie sehen, daß die Nachrichten bereits begonnen hatten, und sie hörte die Großmutter: steh auf, Vater, es ist Zeit!, sagen. Diesmal gelang es ihr, die Verandatür ohne den geringsten Laut zu öffnen und sich wie ein Tier die dunklen Treppenstufen hinaufzuschleichen bis zum Lichtschalter oben, den sie aufdrehte und dann kam sie rasch und geräuschvoll wie immer, die Treppe herabgepoltert, um im Klo zu verschwinden. Sie spürte, wie der Samen des Fachlehrers aus ihr hinausrann, dieser erkaltende Samen, von dem sie genau wußte, was er anrichten konnte, aber jetzt nahm sie die Pille, jetzt konnte nichts mehr passieren, sie mußte nur achtgeben, daß ihr die Großmutter nicht draufkam, daß sie die Pille nahm: in deinem Alter! würde sie sagen und einen Riesenwirbel machen, und als sie endgültig hinauf in ihr Zimmer ging, rief sie laut: gute Nacht! in Richtung Küche, was aber scheinbar nur die Großmutter gehört hatte, die ebenfalls: gute Nacht! rief, den Großvater hörte sie nur laut und herzhaft gähnen.

Es war Sonntag, und sie war fast den ganzen Vormittag im Bett geblieben anstatt in die Kirche zu gehen, aber da auch die Großeltern nicht in der Kirche gewesen waren, sagte niemand etwas. Nach dem Mittagessen war sie dann mit dem Autobus in den Ort gefahren und hatte sich mit Gerda und ein paar Mädchen aus dem polytechnischen Lehr-

gang in der Kaffee-Konditorei hinterm Hauptplatz getroffen, wo auch die Burschen um diese Zeit hinkamen, und sie hatten gekichert und groß getan, und ein paar von ihnen hatten auch geraucht, obwohl man das laut Verordnung erst ab sechzehn in der Öffentlichkeit darf, aber die meisten von ihnen sahen ohnehin älter aus.
Und dann waren sie alle miteinander, wie fast jeden Sonntag, wenn das Wetter so kalt und trüb war, ins Kino gegangen, in die Nachmittagsvorstellung um fünf Uhr. Es war kein besonderer Film gewesen, irgendeiner eben, um das ging es ohnehin nicht, sondern darum, daß sie miteinander herumblödeln konnten und daß man seine Sonntagskleider herzeigte, die man unter der Woche nicht anziehen durfte. In der Pause und während der Vorstellung wurden Briefchen geschickt und Botschaften von einem zum anderen getragen und Geschichten in Umlauf gesetzt, von denen die ganze Schule dann die Woche über zehrte.
Nach der Vorstellung war Liesi noch einmal verschwunden, um sich ihre Mütze vor einem Spiegel aufzusetzen und als sie zurück in den Kassenraum kam, sah sie unter den Leuten, die sich um Karten für die Abendvorstellung anstellten, den Fachlehrer und als er drankam, verlangte er zwei Karten. In einiger Entfernung von ihm stand die Turnlehrerin und in ihrer ersten Bestürzung vergaß Liesi beinah, sie zu grüßen.
Siehst du, sagte Gerda, die beim Eingang auf sie gewartet hatte, die fangt ihn sich noch.
Gar nicht wahr, fauchte Liesi, die bestimmt nicht.
Sie gingen durch die spärlich beleuchtete Straße,

die sich über mehrere Buckel bis zum Hauptplatz hinzog, und manchmal wehte ihnen von einem unverbauten Grundstück her Dunkelheit und Kälte entgegen.
Was bist denn gleich so bös? fragte Gerda und drückte sich fröstelnd an sie. Sie hatte sich untergehakt und ließ sich ziehen. Der Abstand zwischen ihnen und den anderen Besuchern der Nachmittagsvorstellung, deren Stimmen noch deutlich zu hören waren, vergrößerte sich zusehends.
Was weißt denn du, sagte Liesi nach einer Weile und in einem Ton, der Gerda vor Neugier schneller gehen ließ.
Sag schon, redete sie auf Liesi ein, sag was du damit meinst, ich laß dir sonst keine Ruh!, und in ihrer gewalttätigen Art zog sie an Liesis Arm wie an einem Brunnenschwengel.
Hat er eine andere? Du mußt es ja sehen, wenn eine zu ihm kommt.
Die Turnlehrerin jedenfalls nicht, sagte Liesi mit dumpfer Stimme, so schön ist die wirklich nicht.
Wer denn sonst? Gerda zog ununterbrochen an ihrem Arm. Ich werd wahnsinnig, wenn du es mir nicht sagst. Also wer ist es?
Na, wer schon, sagte Liesi, deren Stimme von Bedeutung schwer geworden war, und sie löste sich aus Gerdas Arm. Sie ging nun ein paar Schritte allein vor Gerda her, mit hoch erhobenem Kopf, als könne nichts auf der Welt ihr etwas anhaben, dabei dachte sie an die Angst, die sie manchmal gehabt hatte, nachdem sie einmal, als Gerda ihr damit auf die Nerven ging, daß sie dauernd sagte: ich steh auf den Fachlehrer, ich steh auf ihn!, ge-

schrien hatte: und er steht auf mich!, worauf aber Gerda nur mit dem Herausstrecken der Zunge geantwortet hatte.
Das darf nicht wahr sein, stöhnte Gerda, die sich unwillkürlich aufs Hirn gegriffen hatte. Das gibt es gar nicht, was du da erzählst!, und sie lief Liesi nach und riß deren Arm wieder an sich.
Ich erzähl auch nichts, sagte Liesi, überhaupt nichts. Und wenn du auch nur einmal ein blödes Wort sagst, dann ... dann tu ich dir was.
Aber Gerda gab nicht auf. Sie zerrte Liesi auf einen kaum beleuchteten Seitenweg, um sicher zu sein, daß ihnen niemand zuhörte, und dann begann sie in sie zu dringen, auf eine Art, gegen die man nicht ankonnte, der nicht zu widerstehen war.
Liesi bereute es immer mehr, auch nur eine Andeutung gemacht zu haben, und sie ging nur so weit, zuzugeben, daß der Fachlehrer sie einmal geküßt habe, alles andere stritt sie ab.
Und außerdem will ich ihn gar nicht, daß du dich auskennst, sagte Liesi, von mir aus kannst du ihn haben.
Gerda war wie aus dem Häuschen, und es dauerte eine Weile, bis sie sich wieder so weit beruhigt hatte, daß Liesi mit ihr zurück auf die Straße gehen konnte.
Das eine sag ich dir, wiederholte sie, bevor sie zur Autobushaltestelle kamen, wenn du auch nur einmal ein blödes Wort sagst ... dann erlebst du was.
Aber es ging gar nicht darum, daß Gerda etwas sagte. Es war natürlich möglich, genauso wie es möglich war, daß sie selbst etwas gesagt hatte. Ihr

fiel auf, daß Gerda in der nächsten Englischstunde mehrmals hintereinander von ihr zum Fachlehrer und vom Fachlehrer wieder zu ihr her schaute, als müsse sich dabei irgendetwas offenbaren, das sie anscheinend noch immer nicht recht glauben konnte. Es half auch wenig, daß Liesi ihr in der Pause drohte, sie solle damit aufhören, sonst würde das und das passieren, denn Gerda machte es nicht sosehr aus Absicht, als unwillkürlich, um für das Ungeheuerliche einen Anhaltspunkt in der Wirklichkeit zu finden.

Liesi selbst begann sich dafür zu verachten, daß sie den Mund nicht hatte halten können, so sehr, daß sie darüber zeitweise ihre Wut über den gemeinsamen Kinobesuch vom Fachlehrer und der Turnlehrerin vergessen konnte. Und sie sagte sich immer wieder, daß er sich nach außen hin verstellen müsse, daß es sogar gut für sie beide wäre, wenn alle glaubten, daß er mit der Turnlehrerin ging. Es war sogar sehr gut, wenn niemand sich auch nur vorstellen konnte, daß etwas war zwischen ihr und ihm, aber es machte ihr auch klar, wie klein und unbedeutend sie war, wie wenig man mit ihr rechnete, auch wenn sie die ‚Liesi mit die schönen Füß' war, und das erfüllte sie mit einer Art von Bitterkeit, die ihren Tribut in der Form von Vorstellungen forderte, was zum Beispiel geschähe, wenn sie zur Turnlehrerin ginge und ihr die Wahrheit sagte, was dann überhaupt passieren würde, mit dem Fachlehrer vor allem, aber auch mit ihr. Und manchmal verstieg sie sich dabei bis zu dem Gedanken, daß das alles in ihrer Hand lag.

Sie war bei Herta gewesen, um ihr den Stoff für das Kleid zu bringen, hatte ein wenig geholfen und ging nun, ein paar Zeitschriften unterm Arm, zurück nach Hause, so langsam wie möglich, hoffend, der Fachlehrer würde vielleicht gerade in dem Augenblick nach Hause kommen, und sie könne ihn sehen und auf das Zeichen warten. Aber es blieb dunkel in seinem Fenster, und sie hörte auch kein Auto kommen.

Nun lag sie bereits im Bett und schaute sich die Zeitschriften an, las die Artikelserie über Ehen mit Ausländern und welche Gymnastik man während der Schwangerschaft betreiben sollte, und da kam es plötzlich wie ein großes Zittern über sie, nämlich daß es zu spät sei, daß sie selbst schon schwanger war, und sie drückte mit aller Gewalt beide Hände gegen ihren Bauch, daß sie es, wie sie meinte, bis in die Wirbelsäule spüren konnte, und es war ihr unmöglich sich vorzustellen, daß in ihrem Bauch bereits etwas zu wachsen begonnen hatte.

Diesmal hast du die Tage aber lang, hatte die Großmutter am Nachmittag zu ihr gesagt, oder hast du die Watte unten vergessen? und da war ihr eingefallen, daß sie die Watte schon vor über einer Woche hinuntergetragen hatte. Es konnte nichts sein, sie hatte die Pille genommen, vielleicht hatte sie einmal einen Tag lang darauf vergessen, aber das glaubte sie nicht, denn es war sich ganz genau ausgegangen. Doch was sollte sie davon halten, daß sie nun die Regel nicht bekam? Es stand ja da, in einer von den Zeitschriften, daß man nicht gleich ein Kind bekommen mußte, wenn die Regel ausblieb, auch nicht wenn sie länger als zwei Wochen ausblieb, aber man sollte auf alle Fälle zum Arzt gehen, vielleicht war was mit den Eierstöcken und beinah erleichtert dachte sie an die Warnungen der Großmutter wegen ihrer Mini-Röcke. Ihr war nur unheimlich, daß sie so gar nichts spürte, daß ihr so überhaupt nichts wehtat. Und wenn sie zum Arzt ging, es gab nur einen einzigen Frauenarzt in der Gegend, und wenn sich herausstellte, daß sie doch schwanger war, dann wußte er es gleich und dann war nichts mehr zu machen, er kannte sie ja, er kannte sie, wie jeder jeden im Ort und um den Ort herum kannte. Aber sie hatte doch die Pille genommen, wirklich genommen, bis auf das eine, das erste Mal, und jener Abend schien ihr plötzlich so weit weg, so unglaubwürdig, daß er ihr wie geträumt vorkam, und so hatte auch alles angefangen.

Es war nachts noch ziemlich warm gewesen und sie hatte nicht schlafen können und war aus einem rätselhaften Grund wieder aufgestanden, was sie sonst nur getan hatte, wenn ihr vom Rübezahl träumte, und war hinuntergegangen, ganz leise, es muß schon nach Mitternacht gewesen sein, und da hatte sie auf einmal das Auto des Fachlehrers gehört und gesehen, wie er die Tür öffnete, aber nicht ausstieg, nur ein paar Schritte über die Wiese hatten sie davon getrennt. Sie konnte im Mondlicht sehen, wie er übers Volant gebeugt dasaß, und da hatte sie nicht widerstehen können und war auf ihn zugegangen und vor dem Auto stehengeblieben. Er hatte sie nicht einmal gleich bemerkt, erst als sie schon zu frösteln begann und von einem Fuß auf den anderen stieg, sie hatte unter ihrem Staubmantel nur das Nachthemd an. Und da hatte er sie plötzlich angesehen und etwas von ihren Beinen gesagt, und sie hatte immer nur geschwiegen und gedacht, daß er etwas getrunken hatte, denn es roch aus dem Auto nach Sliwowitz, sie kannte den Geruch vom Großvater her.

Was machst du hier? hatte der Fachlehrer sie gefragt, als er endlich ausgestiegen war, mitten in der Nacht? Es brannte nirgends mehr Licht in den paar Häusern, nur der Mond war hell und voll, so daß sie einander gut sehen konnten. Ich hab nicht schlafen können, sagte sie mit gesenktem Kopf, als ob das eine Erklärung hätte sein können.

Der Fachlehrer lachte, aber es klang nicht fröhlich, dann meinte er: verschwind, ich bitte dich um alles in der Welt, verschwind so schnell du kannst!

Sie aber war stehengeblieben, wie angeschraubt und hatte nur den Kopf immer tiefer gesenkt, ohne zu wissen, warum sie nicht wegging, weglief, wie er es von ihr wollte, und dann hatte sie seine Hand unter ihrem Kinn gespürt, und als er ihr Gesicht so weit aufgehoben hatte, daß sie ihm in die Augen sehen mußte, konnte sie nicht anders, als ihn anlächeln, und da schlug er sie ins Gesicht, daß sie taumelte, aber noch bevor sie fiel, fing er sie auf und redete tröstend auf sie ein, das habe er nicht gewollt, sagte er immer wieder, das habe er wirklich nicht gewollt, und während er so redete, hatte er sie aufgehoben und in sein Häuschen getragen, im Dunkeln beinah über die Schwelle stolpernd, und so waren sie beide nebeneinander auf dem Bett zu liegen gekommen, das von der Früh her noch offen war.

Und sie war einfach liegen geblieben, mit klopfendem Herzen und hatte gewartet, gewartet auf das, was nun geschehen würde, ob der Fachlehrer sie so, wie sie es aus dem Kino kannte, umarmen und küssen würde oder ob er, sich daran erinnernd, wer er war und wer sie, sich nur neben sie legen, eine Zigarette rauchen, und sie dann, nachdem er die Zigarette geraucht und es sich überlegt hatte, hinausschmeißen würde.

Eine Zeitlang geschah gar nichts, und sie glaubte schon, er wäre eingeschlafen und wollte über ihn hinwegkriechen, um sich davonzustehlen, wobei sie ihn mit der Hand, nach Halt suchend, berührt haben mußte, denn er richtete sich sofort auf, und sie konnte sehen, wie er den Kopf schüttelte. Dann nahm er sie, drückte sie an sich, hielt sie wieder von sich weg und schüttelte wieder den Kopf. Ach du, sagte er dann, du bist ja noch ein Kind, flach wie ein Brettl. Gar nicht wahr, hatte sie geantwortet und unwillkürlich den Mantel geöffnet.

Ist das dein Nachthemd? fragte der Fachlehrer.

Ich hab nicht schlafen können, sagte sie noch einmal und senkte wieder den Kopf, und da hatte er angefangen sie zu küssen, und ihr war beinah das Herz im Leib zersprungen.

Ihr war es nur ums Liebhaben gegangen, ums Umarmen und Küssen, und als er ihr zuerst den Mantel und dann das Nachthemd ausgezogen hatte, und sie begriff, daß es aufs Ganze hinauslaufen würde, da hatte sie doch Angst bekommen.

Nimmst du wenigstens die Pille? hatte der Fachlehrer sie gefragt? und sie hatte ja gesagt, weil sie sich schämte, nein sagen zu müssen, wo sie doch

wußte, daß eine Reihe von Mädchen in ihrer Klasse die Pille schon nahmen. Sie wußte auch, wer die Pille verkaufte, bei wem man sie kriegen konnte, wenn man sie brauchte.
Und dann hatte sie doch geweint, als es passiert war, obgleich sie es sich von Herta oft genug hatte beschreiben lassen, so daß sie ganz genau zu wissen glaubte, wie es sein würde. Der Fachlehrer aber mußte plötzlich wieder ganz nüchtern gewesen sein, denn er schrie sie an, sie hätte es ihm vorher sagen müssen, sie hätte es ihm auf jeden Fall sagen müssen, dann aber hatte er sie wieder in die Arme genommen, geküßt und gesagt, daß es ohnehin einmal geschehen wäre und vielleicht sei es sogar gut, daß er es getan hätte, vor allem gut für sie, bei ihm sei es etwas anderes, denn wenn das jemand erführe, wäre es besser, er würde sich gleich irgendwo hinunterstürzen und es wäre alles vorbei.
Es war aber nicht vorbei und auch nicht aus und sie hatten sich wiedergesehen, und beim nächsten Mal hatte ihr der Fachlehrer selbst ein paar Packungen mit der Pille gebracht, damit nicht noch was passierte, beim ersten Mal hätte man ohnehin einen Schutzengel, und das glaubte sie auch, denn es hatte niemand bemerkt, daß sie fast die ganze Nacht aus dem Haus gewesen war.
Wenn aber doch was passiert war? Sie wünschte sich, daß der Fachlehrer zu Hause wäre, daß sie hinübergehen und ihn fragen könnte, was sie tun sollte. Und dann stellte sie sich vor, wie der Fachlehrer im Goldenen Adler saß und sich mit der Turnlehrerin unterhielt, sie hatten schon gegessen und tranken noch etwas Wein, Haß stieg in ihr auf

und sie dachte daran, daß sie dieses Bild mit einem Schlag zerstören konnte, sie brauchte nur ein Wort zu sagen, ein einziges Wort, und der Fachlehrer würde nie mehr oder zumindest lang nicht mehr im Goldenen Adler sitzen und Wein trinken können. Die Frage war nur, was dann mit ihr geschah, ob sie dann wirklich in eine Erziehungsanstalt mußte, wie es immer hieß, und ob es auch nicht half, wenn der Fachlehrer sie heiraten wollte. Aber es half sicher nicht. Sie hatte von so einem Fall gehört, und da hatte es auch nichts geholfen.

Am nächsten Morgen mußte sie sich nach dem Aufstehen übergeben, und die Großmutter meinte, sie solle von der Schule zu Hause bleiben und sich wieder hinlegen, gewiß brüte sie irgendetwas aus, aber da sie sich im allgemeinen leicht und ohne schwerwiegenden Grund erbrach, fiel es nicht weiter auf, und sie bagatellisierte es auch noch, indem sie behauptete, in der Nacht die ganzen Süßigkeiten, die ihr von ihrem Namenstag her geblieben waren, auf einen Sitz aufgegessen zu haben. Jetzt sei ihr jedenfalls leichter, und sie könne ruhig in die Schule gehen, die Großmutter solle ihr nur anstatt Kakao einen Kamillentee kochen und dazu eine Semmel bähen.

Nach allem, was sie darüber wußte, war sie nun sicher, daß sie schwanger war, obgleich es natürlich noch immer etwas anderes sein konnte, aber jetzt getraute sie sich erst recht nicht, zum Arzt zu gehen.

Sie hatte schon daran gedacht, sich an Tante Milli zu wenden, ihr zuerst zu schreiben, und sie dann während der Weihnachtsferien zu besuchen, aber der Mut dazu verließ sie bald. Ihr wurde klar, daß sie Tante Milli in Wirklichkeit kaum kannte, daß sie sie eigentlich nur ein paarmal gesehen hatte, wenn sie zufällig für ein oder zwei Tage aus der Stadt kam, um zu sehen, ob noch alles beim alten war. Gerade Tante Milli aber hatte ihr eingeschärft, ja auf sich achtzugeben, als Frau könne man gewisse Dinge nie mehr ins Lot bringen. Wenn man sich das Leben einmal verpatzt habe, sei da keine Chance mehr, aber man wäre selbst schuld daran, helfen würde einem kein Schwein. Ein verpfuschtes Leben sei ein verpfuschtes Leben, und daran habe auch die heutige Zeit nicht viel geändert.

Liesi hatte es sich ganz anders vorgestellt, endgültiger, vehementer, absoluter, aber ein Teil ihrer Kraft ging auf für die tägliche Verstellung, für die täglichen Verrichtungen, die ihr gewöhnliches Leben erzwang, und die zu vernachlässigen oder gar aufzugeben, einer Preisgabe ihres Zustands gleichgekommen wäre, und das wollte sie nicht. Solange kein Mensch etwas davon wußte, konnte sie noch auf ein Wunder hoffen, darauf, daß sie eines Morgens aufwachen, ihre Regel haben und wie neugeboren sein würde. Dann aber würde sie sich gewiß vorsehen, daß ihr sowas nicht noch einmal passierte.

Es kam selten vor, aber manchmal doch, besonders vor dem Einschlafen, daß sie die Möglichkeit durchspielte, es einfach geschehen zu lassen, das Kind zu bekommen und eine Weile nicht in die Schule zu müssen. Sie sah sich mit einem Kinderwagen durch den Sommer gehen und in irgendeiner Illustrierten würde vielleicht ein Foto von ihr erscheinen, als der jüngsten Mutter des Jahres. Später dann konnten die Großeltern auf das Kind aufpassen, der Großvater ging ohnehin im nächsten Jahr in Pension, während sie in den polytechnischen Lehrgang oder in eine Lehre ging, und sie mußte vielleicht gar nicht in die Erziehungsanstalt. Doch sie fürchtete, daß der Großvater, sobald er es erfuhr, seine alte Pistole aus dem Schrank nehmen, zum Fachlehrer hinübergehen und ihn auf der Stelle erschießen würde. Angeblich hatte er seinerzeit auch den Besitzer der Sandgrube, in die ihre Eltern gestürzt waren, erschießen wollen, man hatte ihn nur mit Mühe davon abhalten können, und der Sandgrubenbesitzer wohnte auch nicht in der Nähe. Sie aber wollte nicht, daß der Großvater den Fachlehrer erschoß, auch dann nicht, wenn er gar nicht daran dachte, sie zu heiraten, weil er ohnehin ins Gefängnis mußte.

An einem der nächsten Abende, als sie von Herta, das fertige Kleid überm Arm, zurückkam, sah sie den Fachlehrer wieder hinter seinem Schreibtisch am Fenster sitzen, und da er sie nicht und nicht bemerkte, nahm sie allen Mut zusammen und ging zu ihm hinein, selbst auf die Gefahr hin, von jemandem gesehen zu werden, lange konnte sie ohnehin nicht bleiben, solange der Großvater wach war. Sie vergaß auch nicht, schon an der Vorraumtür anzuklopfen, wie es sich gehört, und der Fachlehrer kam an die Tür, gewiß jemand anderen erwartend, denn sie sah, wie er erschrak, als er sie erkannte.

Was machst du hier, um diese Zeit ... und es sah aus, als wisse er nicht, ob er sie einlassen oder an der Tür abfertigen sollte.
Ich kann ja wegen der Aufgabe fragen kommen ... sagte sie, ihm mit einer Ausrede, die für die anderen plausibel klingen würde, aushelfend.
Dann komm rein und setz dich ... dorthin ... und zum erstenmal saß sie im vorderen Teil des Raumes, den man von draußen sehen konnte, solange der Vorhang nicht zugezogen war.
Er setzte sich wieder an den Schreibtisch, und bevor sie noch etwas sagen konnte, fing er damit an, daß es aufhören müsse zwischen ihnen. Irgendwann würde alles aufkommen, und dann müsse er ins Gefängnis und sie in die Erziehungsanstalt. Es wäre überhaupt ein Wahnsinn gewesen, das Ganze, er wisse gar nicht mehr, wie es dazu überhaupt hatte kommen können. Sie sei doch ein gescheites Mädchen, das noch das ganze Leben vor sich habe, sie würde schon verstehen, daß aus ihnen beiden nichts werden könne, am besten, sie würde das, was zwischen ihnen gewesen war, ganz und gar vergessen, was auch er versuchen wolle, so schwer es ihn ankäme. Er sei nur froh, daß er ihr gleich am Anfang die Pille gebracht habe, nicht auszudenken, was das Ganze sonst noch für Folgen hätte haben können.
Und als sie immer noch nichts sagte, nur den Kopf immer tiefer sinken ließ, spürte sie seine Hand unterm Kinn, die er aber gleich wieder zurückzog, als ihm einfiel, daß man das von draußen sehen konnte. Und er meinte mit dem liebedienerischen Ton eines, der schon glaubt, davongekommen zu

sein: es hängt von dir ab, ich bin in deiner Hand! So als müsse ihr das Verzichten leichter fallen, wenn es von ihr ausging, wenn sie das Gefühl hatte, auch anders zu können.

Ich weiß, sagte sie, und sie brachte es nicht über sich, von ihrer Angst zu reden. Und die Turnlehrerin? fragte sie noch, was ist mit der?

Dummerl, sagte er, das ist eine Kollegin. Du sitzt ja auch mit den Burschen in der Kaffee-Konditorei und redest mit ihnen.

Also dann geh ich, sagte sie und stand auf. Er brachte sie ins dunkle Vorzimmer und da wagte er es sogar, ihr einen Kuß auf die Lippen zu drükken: versuch halt, das Ganze zu verstehen, wenigstens ein bißchen!

Sie ging, die Arme mitsamt dem Kleid um den Leib geschlagen, schwer und nachdenklich zum Haus ihrer Großeltern zurück. Während des Abendessens war sie so schweigsam und geistesabwesend, daß der Großvater sie mehrmals fragte, was sie denn habe. Die Großmutter aber meinte, in dem Alter wären sie alle so oder sie brüte vielleicht doch was aus, und dann zwang sie sie, einen Lindenblütentee zu trinken, der sie so müde machte, daß sie droben sogleich, ohne sich auszuziehen, aufs Bett fiel und einschlief.

Als sie wieder aufwachte, hörte sie den Fernseher durch den Fußboden herauf. Sie hatte einen seltsamen Traum gehabt, der Fachlehrer war auf sie zugekommen und hatte plötzlich zu wachsen begonnen, bis er in der Mitte auseinanderbrach und der Rübezahl aus ihm hervortrat, der die Haut des Fachlehrers zusammenknüllte und in einen Bach warf. Dann nahm der Rübezahl sie auf die Arme, deckte seinen Umhang über sie, und brachte sie in den Wald.

Und mit einemmal kam ihr alles so nichtig vor, daß sie es nicht einmal mehr der Mühe wert fand, sich zu kämmen, obwohl ihr Haar gewiß vom Schlaf her zerrauft war. Es gab nichts mehr, woran sie denken konnte, ohne daß es sich nicht sofort in Bedeutungslosigkeit auflöste, und von dort aus, wo sie sich befand, ging nichts mehr weiter, konnte man nur mehr fallen, je früher desto besser.

Sie ging die Treppen hinunter, ohne Rücksicht darauf, ob jemand sie hören würde. Vielleicht hoffte sie sogar, daß jemand sie hören, sie zurückhalten und ihr alles abnehmen würde, aber es hörte sie niemand. Sie ging den Weg zum Wald, den sie von den vielen Spaziergängen her fast auswendig kannte, und ihr Fuß fand ihn, schneller als ihrem Kopf lieb war. Aber es kam alles aufs selbe heraus. Es war kalt, sehr kalt, und je kälter ihr wurde, desto mehr verlor der Gedanke an Reiz, daß auch der Fachlehrer nicht so einfach davonkommen würde. Es erfüllte sie nicht einmal mehr mit Genugtuung.

Unzeit

Sie war, einer Marotte ihres Vaters zufolge, der damals Auslandskorrespondent in Paris war, auf den eher ungebräuchlichen Namen Euridice getauft worden. Trotz ihres französischen Namens konnte sie sich an das Paris ihrer Kindheit, bis auf wenige Ausnahmen, nur auf eine unscharfe, lückenhafte Weise erinnern. Von manchen Bildern aber, die in Träumen, aber auch in wachem Zustand durch ihr Gedächtnis zogen, war sie der Meinung, ‚das muß in Paris gewesen sein', denn an Wien und Rom hatte sie eine deutlichere Erinnerung. Damals in Paris, als du selbst noch klein warst . . . sagte ihre Mutter oft, wenn sie sich an einem Sonntag nachmittag zusammen mit den Kindern zu einem Spaziergang trafen und anschließend in eine Konditorei gingen, und sie hatte das Gefühl, daß ihre Mutter ihre Kindheit nicht so sehr deswegen erwähnte, weil sie sich wirklich daran erinnerte, wie sie als Kind gewesen war, als vielmehr deshalb, weil diese Jahre in Paris für ihre Mutter etwas Besonderes gewesen waren, etwas, wovon sie all die Jahre, die sie nun wieder berufstätig war, das heißt ins Büro ging, zehrte.

Sie hatte es nicht zugelassen, daß ihr Name durch irgendeine Koseform oder eine Verballhornung abgekürzt würde, sogar in der Schule hatte sie es durchsetzen können, bei ihrem vollen Namen gerufen zu werden, noch dazu französisch ausgesprochen und das, obwohl sie in eine deutsche Schule ging. Nur ihr Vater pflegte sie Eu zu nennen, was er wie Ü aussprach, und sie hatte es hingenommen, wenn auch nicht ohne heimlichen Groll, schließlich hatte sie ihm den Namen zu verdanken. Viel später, als die Zwillinge zur Welt gekommen waren, hatte sie darauf bestanden, sie Philipp und Gustav zu nennen und nicht Jean-Claude und Jean-Paul, wie Felix, der noch Romanistik studierte, es wollte.

Sie und Felix hatten sich in einer Vorlesung, die für die Studenten der Romanistik und die Französisch-Dolmetscher gemeinsam gehalten wurde, kennengelernt, und sie hatte eine Zeitlang überlegt, ob sie nicht auch lieber Romanistik studieren sollte, aber dann hatte sie in Französisch und Italienisch zuerst das Diplom machen wollen, letztlich war es aber dazu nicht mehr gekommen, sie und Felix hatten geheiratet, und nach der Geburt der Zwillinge war es ihr nicht möglich gewesen weiterzustudieren.

Nun gingen die Zwillinge bereits zur Schule. Sie holte sie gegen Abend, auf dem Weg nach Hause, aus einem Tagesheim ab, und während die Zwillinge beinah übergingen von den Worten, mit denen sie ihr die vielen kleinen Geschichten des Tages erzählen wollten, mußte sie dazusehen, daß sie nichts zu besorgen vergaß, was für das Abendessen, das Frühstück und den Haushalt an sich vonnöten war. Sie mußte versuchen, noch rechtzeitig in diesen oder jenen Laden zu kommen, keins von den Kindern, die durch den Menschenstrom immer wieder von ihr getrennt wurden, zu verlieren und dabei auf den Verkehr achten. Und es half gar nichts, wenn sie sagte, daß die Zwillinge noch ein wenig warten, und es ihr dann in Ruhe zu Hause erzählen sollten. Sie mußten es los werden, auf der Stelle, und so ließ sie sie gewähren, nicht zuletzt aus der Erfahrung heraus, daß es auch zu Hause nichts war mit der Ruhe, daß sie im Gegenteil, dann erst recht anfangen würden, sich zu hetzen, einerseits weil sie alle gleich hungrig waren und andererseits, weil sie es nicht einreißen lassen wollte, daß sie sich einfach hinsetzten, den Inhalt der Einkaufstasche auf den Tisch leerten und zu essen begannen, obwohl es oft genug darauf hinauslief, und sie sich nicht einmal Tee kochten zu dem üblichen kalten Aufschnitt, sondern nur ein Joghurt hinunterschlangen. Das wollte sie, wie gesagt, nicht einreißen lassen, und so kochte sie denn doch einige Male in der Woche abends, während sie die Zwillinge, die vor Hunger schlechter Laune waren, besänftigte, indem sie ihnen erklärte, das ewige kalte Essen sei schlecht für den Magen und überhaupt, es ging nicht an, daß sie sich aufführten wie die Barbaren. Und wenn sie dann endlich bei Tisch saßen und das warme Essen in sich hineingemampft hatten, waren die Zwillinge davon so müde geworden, daß sie die Wörter nur mehr langsam aussprachen und keine Rede mehr davon sein konnte, daß jemand etwas erzählte. Es kostete sie dann selbst oft große Mühe, die Zwillinge vom Fernsehen zu vertreiben, vor dem sie, nicht sosehr aus Interesse als aus Bequemlichkeit, sitzen geblieben waren, sie dazu zu bringen, ins Bad zu gehen, sich zu duschen und die Schulsachen für den nächsten Tag zu richten. Die Zwillinge stritten sich regelmäßig, wer von ihnen als erster ins Bad gehen müsse, so daß sie begonnen hatte, auf einem Wandkalender darüber Buch zu führen, jedoch hatten die Kinder dann so oft miteinander getauscht, sich für das Recht, länger sitzenbleiben zu können, irgendeine andere Verpflichtung eingehandelt, daß ihre Eintragungen rasch durcheinandergerieten, und sie es wieder aufgab, was soviel bedeutete, wie daß sie wieder auf das übliche Schimpfen zurückkam, dem sich die Zwillinge dann irgendwann beugten.

An den Abenden, an denen sie Besuch erwartete, gab es Augenblicke, in denen sie Lust hatte, sich unter ihrem Bett zu verkriechen und einen der Zwillinge an der Tür sagen zu lassen, sie sei krank oder tot oder was auch immer. Dabei beeilte sie sich, das Geschirr wegzuwaschen, einen Imbiß vorzubereiten, im Wohnzimmer Staub zu wischen, während sie schon längst im Bad sein wollte, um sich zurechtzumachen, was wiederum nicht ging, weil die Zwillinge bei solchen Anlässen instinktiv besonders lang brauchten. Meist gab es Scherben oder Tränen, aber irgendwie schaffte sie es bis zu dem Zeitpunkt, an dem es an der Tür klingelte, fertig zu sein und lächelnd zu öffnen. Und für die erste halbe Stunde war es dann auch so, als wäre sie endlich zur Ruhe gekommen, entspannt, offen für alles, was weder die Kinder, den Haushalt, noch ihren Beruf betraf. Bis sie anfing, insgeheim auf die Uhr zu schauen, die Stunden nachzuzählen, die ihr noch zum Schlafen bleiben würden, zum ungestörten Schlafen, das die Müdigkeit von ihr nahm. Und während sie noch lachte und ihr Mund Worte formte, die die anderen unterhalten sollten, stieg ein so großes Gähnen in ihr auf, daß ihr ganzer Leib sich mit Überdruß füllte und sie Mühe hatte, an sich zu halten, dieses Gähnen nicht aus den Nähten platzen zu lassen, und wenn es ihr ihre Erziehung und ihre Herkunft erlaubt hätten, an die bescheidenen Götter von Haus und Herd zu glauben, hätte sie sie sicher angefleht, ein Einsehen mit ihr zu haben und den Besuch fortzuschicken, ihm eine schnelle und insofern schmerzlose Verabschiedung einzugeben, und sie nicht durch ein Hinauszögern weiter leiden zu lassen. Bei solchen Gelegenheiten schwor sie sich dann, niemanden mehr einzuladen, sondern sich, wie sie es auch mit ihrer Mutter tat, mit ihren Freunden und Bekannten außer Haus zu treffen, an Orten, die sie, wann immer es ihr danach war, verlassen konnte, ohne Aufsehen zu erregen. Etwas anderes war es mit den Liebhabern, aber selbst da spielte sie, sobald es ging, ihren Trumpf aus, den besonderen Trick, wie sie es bei sich nannte, den sie bis zur Perfektion beherrschte, der ihr anfangs, als sie ihre Fähigkeit dazu langsam zu entdecken begann, ein ungeheures Prickeln verursacht hatte, den sie aber mit der Zeit immer bewußter einsetzte, sich und ihre Wirkung genau beobachtend. Meist bestand er nur in einer einzigen Bewegung, einer Berührung, die nicht mehr als einen daumengroßen Fleck Haut beanspruchte, durch den sie ihr Verlangen dem Körper des anderen signalisierte, was dazu führte, daß fast immer sie bestimmte, wann eine Zärtlichkeit begann, und sie konnte sich nicht erinnern, daß dieser ihr ‚Trick' je versagt hätte, was sie mit einer Überlegenheit erfüllte, die durch ihr Aussehen allein nicht zu rechtfertigen war. Früher war es ihr dabei nur um den erotischen Bezug dieser Art von Eroberung gegangen, aber seit ihr Leben nach einer fixen Einteilung der Stunden verlief, ging es immer mehr darauf hinaus, so rasch und so intensiv wie möglich, das zu erleben, was sie als die Befriedigung ihrer leiblichen Wünsche ansah. Sie mußte dazuschauen, daß sie geliebt wurde, bevor das große Gähnen in ihr anhob und die immer geringer werdende Anzahl von Stunden bis zum Tagesanbruch, der durch das pünktliche und unbarmherzige Erwachen der Zwillinge gekennzeichnet war, sie bis zum völligen Erkalten verschreckte. Natürlich spielten sich ihre Verhältnisse nicht immer auf so ausgeklügelte Art ab, vor allem zu Beginn einer neuen Bekanntschaft verschob sich alles in der Zeit, solange der absolute Reiz des noch nicht Gehabten, Geschmeckten ihre Sinne wach hielt und sie mehrere Stunden des Schlafs, der ihr soviel bedeutete, verschmerzen ließ. Seit Felix und sie sich getrennt hatten, hatte sie eine Reihe von Bekanntschaften gemacht, die aber nie lange dauerten und meist so oberflächlich waren, daß sie es vermieden hatte, die Zwillinge damit zu belasten, was auch als guter Grund dafür herhalten mußte, wenn sie den betreffenden Mann noch in der Nacht fortschickte. Die wenigen Ausnahmen, die sie bisher gemacht hatte, waren nicht so glücklich ausgefallen, daß sie Wert darauf gelegt hätte, sie öfter zu machen. Sie erinnerte sich an die offene Ablehnung in den Gesichtern der Zwillinge, ihre ungewöhnliche Einsilbigkeit, als sie es Ferdinand gestattet hatte, bis in der Früh zu bleiben und gemeinsam mit ihnen zu frühstücken. Dabei hatte sich Ferdinand alle Mühe gegeben, die Zwillinge für sich einzunehmen, mehr Mühe als sie ihm zugetraut hatte, aber vielleicht war gerade das falsch gewesen, und sie sah sein vor Enttäuschung immer kindlicher werdendes Gesicht vor sich, als er erkannte, daß er bei den Zwillingen nichts ausrichten konnte, die sich nach jedem seiner Versuche, sie für sich einzunehmen, nur gegenseitig ansahen. Sie war damals ärgerlich geworden und hatte zu den Zwillingen gesagt, sie sollten sich nicht so anstellen, was die Situation nur verschlimmerte, denn sie mußte mitansehen, wie die Zwillinge nun begannen, sich zu verstellen und sich ihr zuliebe mit Ferdinand unterhielten, so daß er schon glaubte, es wäre ihm nun doch gelungen, Sympathie zu erwecken, und sie ihn dieser Selbsttäuschung wegen verachtete.

Trotzdem hatte die Sache mit Ferdinand eine Weile gedauert, und es tat ihr heute leid, daß er sie nicht mehr morgens zum Doktor fuhr und dabei die Zwillinge vor der Schule absetzte. Aber Ferdinand hatte begonnen, sich zu sehr in ihr und der Zwillinge Leben einzuschalten, war ständig mit Plänen gekommen, die die Wochenenden betrafen, wollte überhaupt ihre Freizeit immer mehr okkupieren, und als er dann anfing, ihr vorzuhalten, daß sie an diesem oder jenem Tag doch gewiß nichts anderes vorhätte und ihn also treffen könne, obwohl sie ihm gesagt hatte, daß es nicht ging, war er ihr zu anstrengend geworden, und sie zog sich immer mehr von ihm zurück, bis er eingesehen hatte, daß es mit ihnen beiden nichts Rechtes werden konnte.

Erst als sie und Ferdinand sich nicht mehr sahen, merkte sie, daß sie sich an ihn gewöhnt hatte, daß sie sogar an ihm hing, aber sie hatte nicht die Kraft, ihn zurückzurufen. Sogar der Doktor hatte damals etwas gemerkt, und obwohl er sich sonst nicht um ihr Privatleben kümmerte, hatte er sie auf den Kummer hin angesprochen, den man ihr ansehen könne. Sie solle sich nur ruhig an ihn wenden, wenn sie Schwierigkeiten hätte, bei denen er behilflich sein könnte. Sie hatten, es war nach der Ordination, zusammen einen Cognac getrunken, er hatte ihr ermunternd unters Kinn gegriffen, dabei war es geblieben, und sie hatte ihm erzählt, daß sie ein wenig voreilig gewesen wäre, daß aber kein echtes Malheur dabei geschehen sei. Dann hatten sie beide die weißen Mäntel ausgezogen und der Doktor gab ihr eine Fachzeitschrift mit, in der ein französisch geschriebener Artikel stand, den sie für ihn lesen sollte. Wenn er sich dann nach ihrem Bericht ernsthaft dafür interessierte, würde er sie bitten, ihn gegen ein angemessenes Honorar zu übersetzen. Sie tat das öfter für ihn, und der Doktor schätzte ihre Sprachkenntnisse, vor allem wenn er, da er bei verschiedenen internationalen Organisationen bestens empfohlen war, ausländische Patienten hatte. Sie arbeitete nun schon seit vier Jahren bei ihm und konnte sich in keiner Weise beklagen. Sie öffnete Türen, machte Eintragungen und reichte dem Doktor Instrumente. Sie hatte einer Reihe von Prominenten in den Mund schauen können und hin und wieder von Sängern und Schauspielern auch Karten für eine Premiere verehrt bekommen. Sie war bekannt für ihre Freundlichkeit, für

das Lächeln, das sie immer wieder lächelte, und der Doktor meinte einmal, sie müsse ein ausgeglichener Mensch sein, der anscheinend nie schlechte Laune habe. Auch dazu hatte sie gelächelt und gesagt, das sei wohl Sache der Veranlagung, ja der Vererbung, sie könne sich nicht erinnern, ihren Vater jemals schlechter Laune gesehen zu haben, zumindest hätte er sie sich nie anmerken lassen, vor allem aber schwöre sie auf den Schlaf, wenn sie genug geschlafen hätte, würde ihr nichts so leicht etwas anhaben können. Es sah so aus, als hätte ihr der Doktor gar nicht bis zu Ende zugehört, denn er beschäftigte sich schon wieder mit einer Röntgenaufnahme. Es geschah überhaupt selten, daß er während der Ordination etwas bemerkte, was nicht die Zähne betraf. Sie war draufgekommen, daß sein ganzes Parlieren mit den Patienten so mechanisch erfolgte, daß es weder sein Gedächtnis, noch sein Denken überhaupt, in irgendeiner Form belastete, und sie wunderte sich darüber, daß keiner der Patienten es zu bemerken schien, vielleicht weil sie alle, sobald sie zu ihm kamen, so sehr mit dem zu erwartenden Schmerz beschäftigt waren, daß ihnen ein jeder auch noch so hingesagte Satz Beruhigung und Anlaß genug zum Weiterreden war. Und wenn doch einer der Patienten mißtrauisch wurde, war es an ihr einzuspringen, ihn vom Doktor abzulenken, ihn durch ein Gespräch hinzuhalten, bis der Doktor ihn durch seine Arbeit am Weiterreden hinderte, aber manche mußten dann erst recht getröstet werden.
Sie machte ihre Sache gut, das wußte sie und auch der Doktor wußte es. Er war großzügig, was ihr Gehalt betraf und noch großzügiger bei den Ho-

noraren, die er ihr für ihre Übersetzungsarbeit zubilligte, und während er im Sommer mit seiner Familie ans Meer fuhr, stellte er ihr und den Zwillingen das Bauernhaus in der Steiermark zur Verfügung. Sie war recht froh darüber, denn sie wollte die Strapazen ohnehin nicht auf sich nehmen, mit den Zwillingen irgendwohin in die Hitze zu fahren. Sie rechnete sogar damit, ihm das Haus einmal abkaufen zu können, die Zwillinge liebten es, und der Doktor benützte es so gut wie nicht mehr, seine Familie führe im Sommer lieber in den Süden und im Winter nach Tirol, sagte er. Er wisse ohnehin nicht, was er mit dem Haus anfangen solle, jedenfalls aber müsse sie sich das mit dem Kauf gut überlegen, vorderhand könne sie es benützen so oft und solange sie Lust habe. Und so geschah es, daß sie manchmal auch an den Wochenenden hinfuhren. Sie brauchte sich dann nicht soviel um die Zwillinge zu kümmern, die mit den Kindern im Dorf Freundschaft geschlossen hatten und bei gutem Wetter fast den ganzen Tag im Freien blieben. Sie setzte sich dann an den großen Tisch in der Stube, nachdem sie umständlich alle Wörterbücher und Fachlexika, die sie benötigte, um sich herum aufgebaut hatte, und übersetzte die Artikel, die der Doktor ihr angegeben hatte. Und wenn sie dann damit fertig war, war sie zufrieden mit sich und auf eine rechtschaffene Art müde und aufgekratzt zugleich, sodaß sie später den Zwillingen davon erzählte, ja sogar begann, ihnen das fachliche Problem auseinanderzusetzen, wobei diese ihr erstaunt ob ihrer ungewöhnlichen Mitteilsamkeit zuhörten, andächtig ihrer Stimme lauschten

und sie, falls das Thema ihnen einzuleuchten begann, mit Fragen überfielen, bis sie letztlich doch nicht mehr folgen konnten oder sie der vielen Vereinfachungen müde war und ihnen lieber eine Geschichte vorlas, bevor sie sie ins Bett schickte. Die Woche über aber kam sie nicht dazu, etwas zu übersetzen, zumindest glaubte sie, nicht dazuzukommen. Sie brauche sich gar nicht erst hinzusetzen, wenn sie nicht viele Stunden vor sich hätte, in denen sie nicht gestört würde, hatte sie schon während ihrer Studienzeit immer zu Felix gesagt, wenn er ihre mangelnde Wendigkeit kritisierte.
Felix war da ganz anders. Er konnte wo er saß, stand und lag etwas anfangen, ohne viel zu planen. Es konnte geschehen, daß er nachts, wenn er nicht einschlafen konnte, aufstand und irgendein Gedicht zu übersetzen begann oder etwas las, zu dem ihm irgendeine Ungeheuerlichkeit einfiel, die er ihr unbedingt erzählen mußte, und er stand dann nicht an, sie wachzurütteln, wobei er erwartete, daß sie seine Begeisterung teilte, seine Zweifel durch ein einfaches ja oder nein aus der Welt schaffte und ihn in dem bestärkte, was er ohnehin zu tun vorhatte. Felix war spontan und kreativ, das wurde zumindest von ihm behauptet, das Beängstigende daran war aber, daß er ein Publikum für seine Spontaneität und Kreativität brauchte, daß er nicht allein arbeiten konnte. Oft mußte er ihr jede Zeile gesondert vorlesen, ihr jede Formulierung extra präsentieren, als wolle er sie immer wieder von der besonderen Masse kosten lassen, aus der er seine Gerichte zubereitete. Und am liebsten hätte er es gehabt, wenn sie jedes Buch, das er las, auch ge-

lesen hätte, damit sie auch gleich Bescheid wüßte, wenn er zitierte oder auch nur eine Anspielung machte. Es war faszinierend gewesen, die ersten Jahre. Diese Art von Gemeinsamkeit war das, was sie sich erträumt hatte. Das Gefühl zu haben, nie ausgeschlossen zu sein, sondern alles mitzumachen, mitzuerleben, bis dann die Zwillinge gekommen waren und sie es nicht mehr geschafft hatte, weiter in dem Maß auf Felix einzugehen. Und eines Tages war ihr zu Bewußtsein gekommen, daß diese Gemeinsamkeit sehr einseitig gewesen war, daß sie ein gutes Auditorium abgegeben, bestenfalls wohlmeinende Kritik geäußert hatte. Sie merkte es vor allem daran, daß Felix ihr kaum zuhörte, wenn er nach Hause kam und sie ihm von den Kindern, die ihr eine ganz neue Dimension der Zärtlichkeit eröffnet hatten, erzählte, von deren Krabbelversuchen, den Meinungen des Kinderarztes und so weiter, Dinge, die sie beschäftigten, die den Großteil ihres Tages ausmachten, wohingegen Felix sie immer wieder unterbrach und von sich und seiner Arbeit zu reden begann. Und dann war er immer enttäuschter gewesen, wenn sie als Publikum nicht mehr so recht funktionierte, wenn er sie nicht mehr mitreißen konnte wie früher und er sich eingestehen mußte, daß sein Zauber, die Faszination immer häufiger versagte. Wenn es allerdings nach ihm gegangen wäre, wären sie vielleicht noch immer zusammen, er hätte nicht so rasch aufgegeben. Sie war es gewesen, die auf der Trennung bestanden hatte, und manchmal mußte sie im Traum bitterlich weinen, wenn Felix darin vorkam. Es gab Tage, an denen sie erwachte, ohne sich daran zu erinnern, daß Felix und sie sich getrennt hatten, und während sie langsam aus dem Schlaf auftauchte, erwartete sie, eine von Felix' Eingebungen zu hören, die er während der Nacht, im Schlaf gehabt hatte. Wenn sich dann aber nichts rührte oder sie begriff, daß es ein anderer Mann war, der neben ihr lag und sie beobachtete, dann überkam sie eine große Traurigkeit und Fremdheit, so als hätte sie diesen Menschen noch nie im Leben gesehen, als ginge er sie nichts an, und sie zog den Polster über ihr Gesicht, um die Tränen, die ihr aufstiegen, zu ersticken, was der jeweilige Mann neben ihr als Koketterie auffaßte, und sobald sie den Polster wieder vom Gesicht zog, machte sie auch das entsprechende Gesicht, lachte vielleicht auch schon. Nur Ferdinand hatte gemerkt, daß sie dabei an jemand anderen dachte, daß ihre Fröhlichkeit gespielt war, und er hatte das einzig Richtige zugleich aber ganz Falsche getan, sie mit einer Umarmung beinah erstickt.

Es hatte eine Zeit gegeben, in der die Zwillinge oft nach Felix fragten, obwohl sie sich kaum mehr an die Zeit erinnerten, in der er noch jeden Tag nach Hause gekommen war. Sie versuchte es ihnen, so gut es ging, zu erklären, daß Felix nach Paris gefahren und dort geblieben war, weil er da eine Arbeit gefunden hatte, die ihn ausfüllte, daß er sie gewiß nicht vergessen hätte und daß sie ihn einmal in Paris besuchen würden. Dann aber schien es wiederum, als hätten die Zwillinge ihn völlig vergessen, und wenn er zu Weihnachten oder im Urlaub bei ihnen auftauchte, nahmen sie ihn zur Kenntnis, vertrugen sich auch gut mit ihm, fragten

ihn aber nicht mehr, wann er wiederkommen würde.
Anfänglich, gleich nach der Trennung, hatte sie es als große Erleichterung empfunden, den Tag nur mehr zwischen den Zwillingen und sich selbst aufteilen zu müssen. Eine Zeitlang hatte sie den Eindruck einer großen über sie gekommenen Beruhigung gehabt, und sie hatte mit den Zwillingen ausgedehnte Spaziergänge gemacht und sich, wenn sie schliefen, ebenfalls aufs Bett gelegt und gelesen. Sie hatte selten gekocht, nur das Notwendigste für die Kinder, und hatte sich lange beinah jeden Kontaktes enthalten, die wiedergewonnene größere Freiheit im Umgang mit ihrer Zeit genießend, und wenn es schon nicht Glück war, was sie dabei empfand, so war sie es doch lang genug zufrieden, mit den Zwillingen so für sich hin zu leben. Von ihr aus hätte dieser Zustand, zumindest rückblickend, noch lange andauern können, doch stellte sich heraus, daß das, was Felix ihr monatlich schickte, kaum dazu ausreichte, die Zwillinge zu versorgen. Ihre Mutter, die nicht verstehen konnte, wie sie sich in ihrem Alter und bei ihrem Aussehen so hatte zurückziehen können, verschaffte ihr dann die Stelle beim Doktor, den ihre Mutter offenbar von früher her kannte. Sie konnte sich nicht über ihre Arbeit beklagen. Es war etwas anderes, was sie noch am Abend vor dem Einschlafen mit Grauen erfüllte, wenn sie daran dachte: daß mit dem Aufstehenmüssen um eine bestimmte Zeit, ein ganzer Tag ins Rollen kam, dessen Ablauf feststand, ein Ablauf, der mit Zähneputzen begann und mit Zähneputzen endete, dazwischen aber waren die Zwil-

linge mit ihrer Einteilung des Tages und sie mit ihrer Einteilung des Tages, und je besser die Einteilung funktionierte, desto mehr freie Zeit konnte ausgespart werden, aber freie Zeit wozu? Es schwindelte ihr, wenn sie darüber nachdachte, wie ihre freie Zeit aussah. Einmal in der Woche abends ausgehen, einmal im Monat ins Theater und einmal ins Konzert. Zweimal ins Kino, zweimal die Woche Fernsehen mit den Zwillingen und früh schlafen gehen und dazwischen immer wieder einmal einen Mann für die Nacht . . . es waren dies die Dinge, die dazugehörten, die sie sich zuteilte, um das zu erfüllen, was sie für das Leben hielt, um die Zeit nicht zu verschlampen, sie erinnerungslos werden zu lassen. Und je länger sie dieses Leben lebte, desto mehr hatte sie Angst vor einem Mangel an Erinnerung, der sich für sie sogar in der Vergeßlichkeit niederschlug, sodaß sie ständig einen kleinen Block in der Tasche ihres weißen Mantels mit sich herumtrug, auf dem sie zum Beispiel notierte, was sie auf dem Heimweg noch besorgen wollte, damit der Abend und der nächste Morgen glatt verliefen, daß es nicht wegen fehlender Zigaretten oder vergessener Semmeln zu einer jener Paniken kam, die ihr mühsam vor sich selbst und den anderen aufgebautes Bild von der tüchtigen, attraktiven jungen Frau, die den Haushalt mit der linken Hand erledigte, so sehr ramponierten.

Diesem Bild auch nur einigermaßen zu genügen, bedingte einen täglichen Kampf, den zu kämpfen sie immer müder wurde, und etwas in ihr rächte sich an diesem Bild mit einer Vergeßlichkeit, der sie mit allen möglichen Hilfsmitteln zuleibe rückte, aber was sollte sie tun, wenn sie, nachdem sie alles auf dem kleinen Block notiert hatte, den Zettel in der Tasche ihres weißen Mantels vergaß? Sie versuchte immer mehr, die Zwillinge zur Mithilfe zu bringen, indem sie ihnen einschärfte, sie dies oder jenes nicht vergessen zu lassen, was aber nicht so gut funktionierte, wie sie gehofft hatte, die Zwillinge interessierten sich für ganz andere Dinge. Allerdings nahmen sie es auch nicht besonders übel, wenn es an irgendetwas fehlte, sie bemerkten es, gingen aber ohne Aufhebens darüber hinweg, doch auch das war etwas, was sie nicht einreißen lassen wollte. Es gab niemanden, der das alles von ihr verlangte, der sich auch nur dafür interessierte, daß alles seine Ordnung hatte, und manchmal fragte sie sich selbst, warum sie so sehr auf all den Attributen der Wohlgeordnetheit bestand. Doch es kam selten genug dazu, daß sie darüber nachdachte, denn im nächsten Augenblick verrichtete sie schon wieder den einen oder anderen Handgriff, von dessen Notwendigkeit sie sosehr überzeugt war, daß sie nicht hätte sagen können, auf welche Weise er einzusparen gewesen wäre.

Es geschah aber auch, daß sie die Hand gehoben hatte, um etwas ganz Bestimmtes zu tun, von dem sie im selben Augenblick nicht mehr wußte, was es gewesen war, und auf einmal war dann auch wieder eine bestimmte Erinnerung da, an etwas, das sie jahrelang so gut wie vergessen hatte. Es war eine Erinnerung an Paris, an ihre Kindheit, aber sie sah dann alles mit solcher Deutlichkeit vor sich, als wäre sie eben erst von einem ihrer Spaziergänge am Quai de Grands Augustins nach Hause gekommen und erzählte ihrer Mutter von den Tierhandlungen, in denen sie sich den ganzen Vormittag herumgetrieben hatte, die sie, eine nach der anderen, ohne auch nur eine einzige, auch nur die kleinste auszulassen, durchstreift hatte. Sie sah die riesigen, majolikafarbenen Papageien vor sich, die so lange reglos verharrten, bis man dachte, sie seien Attrappen, um dann auf einmal das Lid übers Aug zu ziehen, auf eine Art, daß man sich fragte, ob man recht gesehen hatte, oder ebenso unvermutet in gräßliches Gezeter auszubrechen, daß sie voller Schreck mehrere Schritte zurückwich und dabei an andere Käfige stieß, in denen vielleicht gerade ein Waschbär mit den Vorderpfoten sein Futter untersuchte oder ein Stachelschwein die einzige Haltung eingenommen hatte, die es in dieser Art Käfig einnehmen konnte, ohne einen seiner Stacheln der Gefahr einer Knickung auszusetzen. Sie konnte lange, lange einem kleinen Känguruh zusehen, das eine Verletzung an der Nase und keinen Platz zum Springen hatte, oder den paar Raubkatzen, die, obgleich sie kaum in ihrem Käfig wenden konnten, ununterbrochen auf und ab gingen. Oder den größeren Affen, die immer an demselben einzigen Ast rüttelten, der zwischen ihren Gitterstäben stak. Von den unzähligen Wellensittichen, Meerschweinchen, Zwerghasen und Fischen, die reihenweise und auf kleinstem Raum zur Schau gestellt und zum Verkauf angepriesen wurden, gar nicht zu reden. Es gelang ihr nach einer Weile bis zu zehn verschiedene Tiere derselben Art auseinanderzuhalten, sie nach einer einzelnen Feder oder einem winzigen Fleck voneinander zu unterscheiden. Am längsten aber hielt sie sich vor den Käfigen der Totenkopfäffchen auf. Und je tiefer sie in den Käfig hineinstarrte, desto mehr erschien ihr alles wie eine Verzauberung. Sie glaubte, den Ausdruck einer tiefen menschlichen Traurigkeit von diesen Gesichtern ablesen zu können, der nur deshalb so unwirklich schien, weil die Gesichter so klein waren, so über die Maßen winzig für eine so maßlose Gefühlsregung wie die Traurigkeit. Und sooft sie vor einen dieser Käfige trat, war sie wie gebannt und wenn nicht der Strom der ein- und ausgehenden Leute sie immer wieder verdrängt hätte, wäre sie einfach davor stehengeblieben, bis der jeweilige Besitzer des Ladens sie nach Hause schickte. Und all diese Tiere, die hier festgehalten wurden, taten nichts oder so gut wie nichts, wurden mit Nahrung versorgt, notdürftig sauber gehalten und schauten, so wie sie davorstand und ebenfalls nur schaute, mit dem Unterschied, daß die meisten der Tiere vor sich hinschauten, während sie sie anschaute, viel mehr anstarrte. Nur einige der Totenkopfäffchen schienen diesen ihren Blick zu erwidern, und sie konnte sich des Gedankens nicht erwehren, daß es aus menschlichen Leibern verbannte Seelen waren, die in diesen Miniaturkörpern festgehalten wurden, ohne sich durch etwas anderes als ihren Blick verständigen zu können.

Die Erinnerung an die Tierhandlungen am Quai de Grands Augustins überwältigte sie manchmal so sehr, daß sie den Zwillingen vorschlug, mit ihr in den Zoo oder ins Haus des Meeres zu gehen, was

diese begeistert annahmen, aber wenn sie dann vor den Käfigen standen, und die Zwillinge sie mit Fragen, die die Zoologie betrafen, überfielen, wurde sie nur unangenehm daran erinnert, daß sie nun erwachsen war, daß sie den Tieren in den Käfigen nicht mehr viel abgewinnen konnte, daß ihr Mitleid mit deren Eingesperrtsein die Faszination von ihrem Nichtstun und bloßem Schauen überwog. Selbst der Geruch, der von ihnen ausging, war ihr nun eher widerlich, und sie ertappte sich dabei, wie sie den Zwillingen erklärte, wie arm die Tiere doch in ihren Käfigen seien. Nur die Totenkopfäffchen hatten noch etwas von ihrer alten Wirkung auf sie, aber gerade mit denen konnten die Zwillinge nichts anfangen, und sie zogen sie immer wieder fort, zu anderen, größeren Tieren hin.
Ihre Mutter hatte ihr viel Freiheit gelassen als Kind, vielleicht weil sie selbst gern freier über ihre Zeit verfügte, gewiß auch aus Überzeugung. Aus derselben Überzeugung heraus lehnte sie es auch ab, die Zwillinge zu beaufsichtigen oder sie für ein paar Tage zu sich zu nehmen. Sie sei nicht mehr jung genug, um ihre eigenen Interessen hintanzustellen. Wenn sie einmal soweit sind, daß sie etwas von Malerei verstehen, kannst du sie mir bringen, pflegte sie zu sagen und ihr Kontakt mit ihnen blieb auf Ausflüge und gemeinsame Konditoreibesuche beschränkt.
Damals, noch bevor sie zur Schule ging, war sie beinah jeden Vormittag durch die Tierhandlungen gewandert, und der Begriff, den sie aus dieser Zeit von sich hatte, stellte sie in ein so strahlendes Licht, daß ihr ihr weiteres Leben immer wie eine Art

Abfall von diesem frühzeitigen Höhepunkt vorgekommen war. Eine gewisse Einmaligkeit des Zustands, intensiviert durch die Jahre, die seither vergangen waren und die kaum einen solchen Eindruck auf sie gemacht hatten, blieb kennzeichnend für diese Zeit. Und wenn sie an ihren Vater dachte, der Jahre später, sie lebten damals in Rom, bei einem Flugzeugabsturz ums Leben kam, fiel ihr jene Szene ein, wie sie ihm an einem Vormittag unvermutet auf dem Quai de Grands Augustins begegnet war. Auch er war an den Tierhandlungen entlanggeschlendert, ohne hineinzugehen, er warf nur hin und wieder einen Blick auf die in den Auslagen zur Schau gestellten, besonders attraktiven Tiere, das heißt, sie, die sie unbemerkt hinter ihm herging, merkte bald, daß er auch diese Tiere nicht wirklich ansah, sondern wie aus seinen Bewegungen deutlich wurde, sich selbst in den spiegelnden Auslagen betrachtete, an seiner Krawatte oder an seinem Rockaufschlag zog, aber das alles in so offensichtlichem Müßiggang, in einer solchen Gelöstheit, daß sie das bereits damals, wie sie sich heute einbildete, empfunden hatte. Ihr Vater war ihr wie ein Gott vorgekommen, so überdimensioniert und über allem stehend, daß sie sich scheute, ihn anzureden, sich ihm überhaupt bemerkbar zu machen. Wie sich später herausstellte, hatte er zufällig an jenem Tag im Gegensatz zu all den vollbeschäftigten anderen Tagen, wirklich nichts zu tun gehabt, aber die Art, in der er es fertigbrachte, diesen einen freien Tag, der ihm wie ein Geschenk und aus heiterem Himmel zugefallen war, zu zelebrieren, nötigte ihr heute noch Bewunderung ab

und gleichzeitig ein Gefühl der Resignation, daß sie es nie zu einer solchen Vollendung im Vorübergehenlassen von unerwartet zur Verfügung gestellter Zeit bringen würde, daß sie diese Zeit gewiß für etwas nützen würde, für etwas, wovon sie sich etwas versprach und sei es nur das Sich-weniger-hetzen-Müssen zu einem späteren Zeitpunkt.
Die Art, in der Felix, die Zeit völlig vergessend, sich einem momentanen Einfall hingab, hatte sie ebenso fasziniert wie die Fähigkeit ihres Vaters, die Zeit einfach vergehen zu lassen. Es konnte geschehen, daß Felix sich vor einem Prüfungstermin mit etwas ganz anderem zu beschäftigen begann und so darin aufging, daß er alles, was mit der Prüfung in Zusammenhang stand, vergessen konnte. Es war ihr rätselhaft, wie er es dann fertigbrachte, doch noch zurechtzukommen und sogar die nötige Konzentration aufzubringen. Oder wie er den Tag schon vom Morgen an völlig in Unordnung brachte, indem er sein Frühstück immer wieder aufschob, sich oft bis zu Mittag nicht anzog, imstande war, sich plötzlich wieder hinzulegen und unangefochten eine Stunde zu schlafen, was ihr nie und nimmer gelingen wollte, obwohl der Müdigkeit, die sie immer öfter auch tagsüber quälte, mit nichts anderem beizukommen gewesen wäre. Sie klammerte sich an die bestimmte Ordnung, die ihr helfen sollte, den Tag mit allen seinen eingebildeten und wirklichen Verpflichtungen hinter sich zu bringen. Sie glaubte daran, einen Rhythmus finden zu müssen, wobei sie unter Rhythmus die gleichmäßige Verteilung aller Tätigkeit über die ihr zur Verfügung stehende Zeit verstand. Selbst wenn es

sich so ergab, daß sie an einem Samstag- an einem Sonntagvormittag zu Hause war, während die Zwillinge Freunde besuchten, und sie in Ruhe die Wochenendbeilage der Tageszeitung hätte lesen können, was sie für völlig überflüssig hielt, es aber umso lieber tat, gelang es ihr nicht, einfach sitzen zu bleiben, sondern sie stand immer wieder auf, um dort Geschirr zu Ende zu waschen oder da etwas wegzuräumen, von dem Gedanken gepeinigt, sich damit für später mehr freie Zeit zu verschaffen, Stunden, in denen sie nichts mehr finden würde, dessenthalben sie hätte aufstehen müssen oder auch nur können. Die Täuschung dabei war, daß es das nicht gab, daß dieser Zustand ein rein ideeller war, der in Wirklichkeit nicht vorkam.

Es war diese ihre Unfähigkeit zum Müßiggang, für die der Doktor sie so schätzte; daß sie es auch in der Ordination nicht fertigbrachte, ruhig zu sein, sondern immer etwas mit ihren Händen tat; daß sie sich dadurch Arbeit machte, die gar nicht für sie bestimmt war, die sie aber weniger aus Ehrgeiz als aus dem intensiven Bedürfnis heraus, überall und allenthalben eine beruhigte Oberfläche herzustellen, auf sich nahm. So als gelte es ununterbrochen etwaige oft rein optische Irritationen aus der Welt zu schaffen, so daß schließlich nichts mehr den Blick aufhielt, der ins Leere glitt, daß alle Gegenstände so mit sich im Lot waren, daß keiner ihr Schauen aufhielt, und manchmal gelang es ihr dann, sich in ein bloßes Vor-sich-hin-starren zu versenken, aus dem sie, durch einen äußeren Anlaß geweckt, ziemlich verstört aufschreckte. Am liebsten aber war es ihr, wenn sie einen jener endlosen Spaziergänge machen konnte, die sie fast immer den gleichen Weg gehen ließen, vom Bauernhaus des Doktors aus um das Dorf herum und dann noch quer durch den Wald, damit auch da sie nichts Ungewöhnliches aus sich selbst aufscheuchte, und je länger sie so vor sich hin ging, sich ganz ihren Beinen überlassend, den Assoziationen wie im Traum freies Spiel lassend, empfand sie beinah so etwas wie eine andauernde Glückseligkeit, obwohl es ihr schwer gefallen wäre zu sagen, worin diese Glückseligkeit bestand. Ein Zustand, den sie nur erreichte, wenn sie allein ging, selbst die Zwillinge störten sie dabei und manchmal, wenn ihre Sehnsucht nach dieser Art von Versenkung groß genug war, schickte sie die Zwillinge einfach fort.

Die Weihnachtsferien hatten begonnen und der Doktor hatte die Ordination über die Feiertage zugesperrt. Den heiligen Abend verbrachten sie noch zu Hause, der Einfachheit halber, damit sie die Geschenke für die Zwillinge nicht auch noch mitnehmen mußte und überhaupt, der Christbaum und der gefüllte Truthahn, auf dem die Zwillinge bestanden, seitdem ihnen jemand eine amerikanische Weihnachtsgeschichte vorgelesen hatte, in der es zu Weihnachten Truthahn gab, all das sprach dafür, erst am Christtag wegzufahren. Es würde auch so noch umständlich genug sein, die Sachen für ganze zwei Wochen zu transportieren. Zum Glück fuhren sie nicht Schi, sie wagte kaum daran zu denken, wie sie sich abschleppen würden, wenn sie noch jeder ein Paar Schi zu tragen hätten. Die

Rodel aber hatten sie Gott sei Dank schon im Vorjahr hingebracht und im Schuppen stehen lassen. Warum fahren Sie denn nicht Auto? hatte sie der Doktor gefragt, und sie hatte alle möglichen Gründe dafür angegeben. In Wirklichkeit war es so, daß sie Angst hatte, Angst vor der Verantwortung, Angst vor dem Verkehr, Angst davor, dann mit den Zwillingen jedes Wochenende irgendwohin fahren zu müssen, sich mehr vorzunehmen als ihre Zeit hergab. Und so stiegen sie jedesmal in den nach verrußtem Eisen stinkenden Personenzug und fuhren über eine Stunde bis zu dem Ort, in dem das Bauernhaus war, bepackt mit all den Sachen, die sie brauchen oder nicht brauchen würden. Und manchmal zog sie es dann in Erwägung, sich von ihrem jeweiligen Liebhaber hinbringen zu lassen, wie einfach wäre dann alles mit dem Gepäck und überhaupt, aber damit hätte sie dem Betreffenden das Recht eingeräumt, sie dort zu besuchen und das war, was sie am wenigsten wollte. Sie dachte mit Unbehagen an die Szene vor ein paar Tagen, als sie einem gewissen Robert, den sie seit einigen Monaten kannte, klar gemacht hatte, daß sie die Weihnachtsferien allein mit den Kindern verbringen würde. Daß sie weder Lust hatte, mit auf eine Alm zu fahren, noch einen Abstecher nach Venedig zu machen – Venedig im Schnee, sehr apart! hatte er gesagt – und daß sie nicht zögere, das Verhältnis zwischen ihnen aufs Spiel zu setzen, so hatte er es formuliert, und dabei zu bleiben, daß sie allein wegfuhr.

Sie versuchte nicht, sich zu verheimlichen, daß dabei auch die Wahrscheinlichkeit Felix zu sehen, eine

Rolle spielte. Er war noch jedes Jahr um die Weihnachtszeit aufgetaucht, und es wunderte sie, daß er sich diesmal noch nicht gerührt, sich auch nicht angekündigt hatte. Sie würde enttäuscht sein, wenn er sich nicht blicken ließ, vor allem aber für die Zwillinge war es nicht gut, wenn sie ihn ganz aus den Augen verloren. Dieser Robert hatte ihr den Rückzug auf Zeit so übel genommen, daß ihr nichts anderes übrig geblieben war, als mit ihm Schluß zu machen. Sonst war er noch imstande, gegen ihren Willen im Bauernhaus aufzutauchen, er würde schon herausbekommen haben, wohin sie mit den Zwillingen gefahren war.
Am Christtag hatten sie dann beinah noch den Zug versäumt, sie saßen schon im Taxi, als den Zwillingen einfiel, daß sie ihre Anoraks vergessen hatten, wie konnte sie nur, es wäre ihre Aufgabe gewesen, daran zu denken, und so fuhren sie noch einmal zurück, sie raste die Treppen hinauf und mit den Anoraks wieder herunter und als sie dann schwitzend den kleinen Zug bestiegen, merkte sie, daß sie nun ihren eigenen Anorak vergessen hatte. Das ist nicht so schlimm, dachte sie, die Zwillinge sind groß genug, um ohne mich rodeln zu gehen, sie können sich allein unterhalten. Es erschreckte sie nur, daß sie solche Dinge überhaupt vergessen konnte und die zwei Wochen, die nun vor ihnen lagen, schienen ihr gerade zur richtigen Zeit zu kommen, ein Heilmittel zu sein für ihre Erschöpftheit, und sie fühlte sich immer mehr bestärkt in dem Anspruch, sie mit niemandem als den Kindern teilen zu wollen. Und insgeheim tat ihr der Doktor leid, der nun mit seiner Familie nach Tirol ge-

fahren war und dort Tag für Tag auf der Piste und Abend für Abend an der Bar seinen Mann stehen mußte, seine Frau, hatte er zu ihr gesagt, wolle endlich etwas von ihm haben. Später dann, im Februar, würde er eine Woche allein verreisen, um sich zu erholen.

Durch ein selten vorkommendes Durcheinandergeraten verschiedener Luftmassen, war warmer Regen durch eiskalte Luftschichten gefallen und im Augenblick seiner Berührung mit der Erdoberfläche gefroren, sodaß Bäume und Gräser, aber auch Zäune und Hausdächer, überhaupt alles mit einer dünnen Eisschicht überzogen war, die sich, wenn ihr kein Einhalt geboten wurde, zu enormen Eiszapfen verlängerte. Der wenige Schnee, der auf den Wiesen lag und das auch nicht an jeder Stelle, vermittelte noch stärker den Eindruck von Frost und Kälte als es meterhoher Neuschnee getan hätte. Ein Stück Wiese gleich vor dem Haus, für das der Schnee nicht mehr gereicht hatte, sah mit seinen einzeln gefrorenen Grashalmen so seltsam aus, daß sie ihren Blick lange darauf ruhen ließ, und es ihr schwer fiel, ihn wieder davon zu lösen.
Sie hatte die Gummistiefel angezogen, die noch vom Sommer her im Vorzimmerschrank standen, mit jedem anderen Schuh hätte sie sich auf dem glatten Weg keine drei Schritte bewegen können. Die Gummistiefel aber hatten ein kräftiges Profil aus einem mehrere Zentimeter starken Material, das sich wie mit Saugnäpfen an der Eisdecke festhielt.
Es machte sie traurig, den Zwillingen zuzusehen,

wie sie zusammen mit ein paar anderen Kindern versuchten, den Schlitten über all die aperen Stellen zu ziehen, mit einer Zähigkeit, die etwas Rührendes an sich hatte. Diese unbändige Entschlossenheit sich zu vergnügen, zu rodeln, weil es Winter war, weil Weihnachten war, weil sie sich schon die ganze Zeit darauf gefreut hatten, ließ in ihren Gesichtern einen Ernst zurück, durch den sie wie kleine fremde Eisheilige aussahen.

Trotz der Gummistiefel war sie gezwungen, vorsichtig zu gehen, sie hatte schon überlegt, ob sie auf den Spaziergang verzichten solle, aber von der durch die Eisschicht so seltsam verfremdeten Landschaft ging ein solcher Zauber aus, daß sie sich dennoch auf den Weg machte. Je näher sie an die Bäume kam, zuerst die vereinzelten, dann an das Stück Wald, desto deutlicher war jenes Knirschen zu hören, das der Wind in ihren klirrsteif gefrorenen Zweigen verursachte. Sie dachte daran, daß ein einziger abbrechender Ast sie mit seinem Gewicht erschlagen konnte, während sie gebannt auf eine ausgetrocknete hohe Distel starrte, die, ständig vom Abknicken bedroht, sich in einem unter den Bäumen durchgehenden Luftzug beugte. Auch hier gab es zu beiden Seiten des Weges Reste von Schnee, während der Weg selbst, wirr von eingepreßten Spuren, wie gefrorener Matsch aussah, in dem die Ereignisse der letzten Tage verzeichnet waren.

Dadurch, daß sie nicht wie sonst zügig ausschreiten konnte, ohne auf den ihr nur zu bekannten Weg zu achten, geriet sie nur zögernd in jene Stimmung, deretwegen sie diese Spaziergänge unternahm. Die

Vorsicht, mit der sie ihre Schritte setzen mußte, lenkte sie lange Zeit davon ab, ganz in sich hineinzufallen, und als es dann langsam dazu zu kommen schien, ließ sie ein ungeschickter Schritt, der sie, um das Gleichgewicht zu halten, zwang, sich hilfesuchend an einen Busch zu klammern, dessen Eisschicht unter ihrem Griff zersplitterte, wieder völlig wach werden. Sie wurde nicht müde, sich in all die Formen, die durch das Gefrorensein als solche mit noch nie gekannter Deutlichkeit hervortraten, zu betrachten, was ihr eine ruhige, weil an keine Person gebundene Freude bereitete. Es kam ihr so vor, als würde sie diesen Weg zum erstenmal gehen, ihn und seine Beschaffenheit zum erstenmal richtig erkennen, und eine Zeitlang wünschte sie sich sogar, daß jemand bei ihr wäre, den sie auf all die Absonderlichkeiten, die ihr mit einemmal auffielen, aufmerksam machen konnte, mit dem sie sich in eine Aufgekratztheit hineinsteigern konnte, deren Anlaß eine gewisse Art von Schönheit war, eine Schönheit, die man bemerken, über die man reden mußte. Und da dachte sie an ‚Die Schneekönigin' von Andersen. So stellte sie sich den Eispalast vor, nicht aus Schnee gebaut, wie ein Iglu, sondern mit einer solchen Eisschicht überzogen wie dieser Wald und all seine Pflanzen. Das würde sie auch den Zwillingen erzählen müssen, vielleicht gelang es ihr, das Märchen am Abend ganz aus dem Gedächtnis zusammenzukriegen, und sie suchte nach allen möglichen Details in ihrer Erinnerung, die ihr helfen würden das Märchen zu rekonstruieren.
Und während sie so dahinstelzte, es war wirklich

mehr ein Stelzen geworden, wie sie sich fortbewegte, mit den Armen Balance haltend, wurde sie immer fröhlicher, auf eine Art wie sie es als Kind oft gewesen war, und es machte ihr Spaß im Vorübergehen kleine Zweige abzuknicken, die im Schmelzen an ihren Wollhandschuhen kleben blieben und die sie nur mit Mühe abschütteln konnte.
Von weitem sah sie einen Mann mit unbeholfenen Schritten auf sich zugehen, oder bildete sie sich ein, daß er auf sie zuging, bloß weil er denselben Weg wie sie benützte, nur in anderer Richtung? Ein Hund sprang um ihn herum und das war es vielleicht, dieser ungewohnte Hund, der sie Felix nicht gleich erkennen ließ. Und als sie einander bereits hören konnten, fing sie laut zu lachen an, zu lachen über seine so komisch wirkenden Versuche, das Gleichgewicht zu halten. Anscheinend hatten seine Schuhe viel glattere Sohlen als ihre Stiefel, und als sie sich begrüßten, fielen sie sich regelrecht in die Arme, wobei eher Felix in die ihren, als sie in die seinen gefallen war.
Ich dachte schon, du kommst heuer nicht, sagte sie, und er rief nach dem Hund, einem noch nicht ausgewachsenen Schnauzer, um ihn ihr zu zeigen und ihn auf der Stelle die paar Kunststücke, die er schon konnte, vorführen zu lassen. Er schien den Hund noch nicht lange zu haben, zumindest nach seiner noch anhaltenden Begeisterung für ihn zu schließen, und sie konnte sich kaum vorstellen, was Felix in Paris mit ihm machte. Es war typisch für ihn, wahrscheinlich war die Idee, unbedingt einen Hund haben zu müssen, nachts über ihn gekommen, und er hatte ihr genausowenig widerstehen können, wie

den meisten anderen Ideen, die er in regelmäßigen Abständen hatte. Doch sie war zu guter Laune, als daß ihr diese Erkenntnis etwas hätte anhaben können. So war er nun einmal, sie wollte ihn ohnehin nicht mehr ändern, und auf Distanz gesehen, fand sie sogar diese seine Eigenschaften liebenswert.

Sie gingen der Sicherheit halber Arm in Arm und der Hund, der seine Krallen wie Nagelschuhe benutzte, rutschte trotzdem mehrmals ein Stück vor ihnen her, besonders dann, wenn er versuchte, sich rasch vor ihnen einzubremsen, es aber nicht schaffte und mit dem Körper in die Hocke ging, um sein ganzes Gewicht einzusetzen.

Wie hast du uns denn gefunden? fragte sie, während sie auf den Hang zugingen, auf dem die Zwillinge zuvor zu rodeln versucht hatten. Felix lachte und sagte, er wolle es nicht verraten, vor ihm könne sich eben nichts und niemand verbergen. Später stellte sich heraus, daß er bei ihrer Mutter gewesen war, und diese ihm das Bauernhaus genau beschrieben hatte. Daß er sie allerdings hier im Wald getroffen hatte, war eher Zufall, er wollte, als er weder sie noch die Zwillinge zu Hause angetroffen hatte, mit dem Hund noch spazieren gehen, damit dieser sich nach der Fahrt im Auto ein wenig austoben konnte.

Die Zwillinge hatten bereits aufgegeben. Der Hang war leer, nur die aperen Stellen hatten sich durch die Bemühungen der Kinder noch vergrößert.

Sicher sind sie wieder gewachsen, sagte Felix, in den großen Ferien kannst du sie zu mir schicken, ich komme schon zurecht mit ihnen. Oder kommst du mit? Sie reagierte nicht darauf, tat, als hätte sie

es nicht gehört, sehr wohl bemerkend, daß er sie von der Seite her ansah, als erwarte er zumindest eine gewöhnliche Antwort darauf. Sie gingen zusammen ins Haus, und Felix befahl dem Hund, sich auf einen Fußabstreifer zu legen, den er aus dem Vorzimmer in die Stube mitgenommen hatte. Die Zwillinge waren noch nicht da, und nachdem Felix und sie ihre winterliche Vermummung abgelegt hatten, setzte sie Teewasser auf und stellte eine Schüssel mit Bäckerei auf den Tisch. Felix sah ihr die ganze Zeit über zu, wobei er gedankenlos von den Keksen aß und den ganzen Tisch vollbröselte. Sie sah es, wie sie es immer gesehen hatte, sagte aber nichts. Und als sie dann im warmen Halbdunkel, sie hatte das Licht nicht aufgedreht, sondern ein paar Kerzen angezündet, nebeneinander saßen und Tee tranken, wie sie es in ihrer Studienzeit so oft getan hatten, kam auch über sie so etwas wie Heimweh nach dieser Art von Gemeinsamkeit.
Ich habe Mallarmé übersetzt, sagte Felix, ausgehend von der Georgeschen Fassung bin ich zu einer eigenen Diktion gekommen, zu einer, die Mallarmé gerechter wird, die aber, wie ich langsam glaube, von ähnlicher literarischer Qualität ist.
Kannst du etwas davon auswendig? Sie wollte ihm die Freude machen, ihn um etwas zu bitten, was er ohnehin tun würde. Nicht ganz, sagte er, aber ich habe ein paar Seiten davon in der Manteltasche, und schon war er aufgesprungen und hinausgerannt, um die Blätter aus der Innentasche seines Mantels zu nehmen. Der Hund war, durch die plötzliche Bewegung erschreckt, ebenfalls aufgesprungen und hatte sich an Felix vorbei, als erster

durch die Tür gezwängt, zuerst gebellt, dann nur mehr gejapst und als er merkte, daß das Ganze für ihn nichts zu bedeuten hatte, war er wieder in die Stube zurück und zu seinem Fußabstreifer gegangen, wo er sich mit einem Seufzer fallen ließ, daß man seine Knochen knacken hörte.

Felix hatte eben zu lesen begonnen, als sie die Zwillinge kommen hörten. Diese stritten sich darüber, wer von beiden die Rodel das letzte Stück ziehen und wer trotz allen Knirschens darauf sitzen sollte.

Du kannst mir am Abend weiter vorlesen, sagte sie, wenn die Kinder im Bett sind. Und obwohl er ein wenig über die Unterbrechung enttäuscht schien, überwogen die Freude und die Neugier, die die Ankunft der Zwillinge in ihm ausgelöst hatte.

Sie war aufgestanden und hinausgegangen. Zieht euch das nasse Zeug aus, sagte sie. Und dann, als beide Zwillinge sich gleichzeitig die Nase putzten, und sie ihnen mit je einer Hand das Haar, das durch die wollenen Mützen ganz platt gedrückt war, zurechtgestrichen hatte, sagte sie: euer Vater ist gekommen. Felix? riefen beide, als stünden auch noch andere Väter zur Wahl.

Ja, Felix, sagte sie. Und gerade als die Zwillinge hineinstürmen wollten, fing der Hund, der sich bis dahin nicht sicher gewesen war, ob er hier zu Hause genug sei, um etwas zu bewachen, zu bellen an. Die Zwillinge stutzten einen Augenblick, brachen dann aber in wildes Freudengeschrei aus und riefen abwechselnd: ein Hund! ein Hund! Felix hat einen Hund mitgebracht! Und da wußte sie, daß die Sache mit dem Hund noch ein böses Ende nehmen würde. Felix stand in der Stubentür, und nachdem

er den Hund beruhigt hatte, nahm er je einen der Zwillinge in einen Arm und versuchte, beide gleichzeitig hochzuheben, wie er es früher immer getan hatte. Es gelang ihm kaum mehr und stöhnend meinte er, daß sie noch größer und stärker geworden seien, als er es sich hätte träumen lassen.
Gehört der Hund dir? wollten die Zwillinge wissen.
Ja, sagte sie, der Hund gehört Felix, er lebt mit ihm in Paris und bringt ihn jedesmal sicher nach Hause, wenn er sich in einer so großen Stadt, wie Paris nun einmal eine ist, verirrt hat.
Dürfen wir ihn streicheln? Die Zwillinge hatten sich aus der Umarmung ihres Vaters gelöst und umstanden nun den Hund, der schwanzwedelnd zwischen ihnen saß und anscheinend von ihrer Ähnlichkeit verwirrt war.
O ja, sagte Felix. Er hatte verstanden, daß er sich keine Mühe mehr geben mußte, sich mit ihnen zu unterhalten.
Es dauerte lange, bis sie die Zwillinge soweit hatte, daß sie sich an den Tisch setzten, ihren Tee tranken und ihre Brote, die sie ihnen als Nachtmahl zurechtgemacht hatte, aßen. Und dann schien es noch länger zu dauern, bis sie sie soweit hatte, daß sie auch ins Bett gingen. Der Tag endete damit, daß die Zwillinge fragten, ob der Hund nicht bei ihnen im Zimmer schlafen dürfe.
Sie sah Felix an. Du bleibst über Nacht?
Wenn ich euch nicht störe, sagte Felix.
Bleib nur, bleib, riefen die Kinder, und dann nahmen sie den Hund mit in ihr Zimmer, mit dem Versprechen, ihn zu Felix zurückzubringen, wenn er unruhig wäre.

Es war so gekommen, wie sie zuerst befürchtet, dann aber sogar gehofft hatte. Der Wein, den Felix mitgebracht hatte, extra aus Frankreich, wie er sagte, Mallarmé und alles, was sie damit verband ... irgendwann hatte Felix begonnen sie zu küssen und dann war plötzlich alles wieder so gewesen wie früher, und ihr kam zu Bewußtsein, wie sehr sie sich das gewünscht hatte.

Als sie dann am nächsten Morgen erwachte und beruhigt feststellte, daß es Felix war, der neben ihr lag, fragte er sie, ob sie es nicht noch einmal miteinander versuchen wollten. Jetzt, wo die Zwillinge bereits in die Schule gingen und auch er älter geworden war. Und dann kam das ganze Dilemma wieder über sie. Als sie aber aus dem Bad gekommen war und sich angezogen hatte, während Felix noch im Bett lag, sagte sie einfach nein, ohne sich der Anstrengung einer Erklärung zu unterziehen.

Felix schien gar nicht im Ernst damit gerechnet zu haben, daß sie ja sagen würde, denn er meinte: ich wollte bloß noch einmal fragen.

Beim Frühstück saßen sie dann alle um den großen Tisch in der Stube, und die Zwillinge wurden nicht müde, über den Hund zu reden, und wenn man ihren Erzählungen Glauben schenken wollte, mußten sie die ganze Nacht über wach gewesen sein, um das alles zu erleben.

Und jetzt kommt die Überraschung, sagte Felix, die ich euch in meinem letzten Brief angekündigt habe. Die Zwillinge konnten sich an diesen Brief nicht mehr erinnern und wandten ihren Blick nicht von dem Hund. Also, fuhr Felix fort, der Hund gehört euch. Er ist mein Weihnachtsgeschenk.

Den Zwillingen verschlug es vorerst die Rede. Sie sahen sich bloß gegenseitig an, dann aber fielen beide gleichzeitig Felix um den Hals und bedankten sich mit sovielen Worten, daß sie erst später dazukam, auch etwas zu sagen.
Nein, rief sie, das kannst du mir nicht antun. Aber da wußte sie schon, daß sie diesmal ihr Teil abbekommen hatte. Daß die Zwillinge es ihr nie im Leben verzeihen würden, wenn sie den Hund nicht behalten durften, und schaudernd begann sie sich ihr Leben mit dem Hund – wo sollte er tagsüber bleiben? wer würde nachts mit ihm auf die Straße gehen? – vorzustellen.
Und nachdem Felix sich am späten Vormittag verabschiedet hatte, der Hund hatte ihn über den Zwillingen schon vergessen, schloß sie sich in ihr Schlafzimmer ein, warf sich aufs Bett und fing zu schluchzen an. O du, rief sie wütend und biß dabei in die Decke, o du . . . und wenn sie die Augen schloß, sah sie nichts als schmutzige Hundepfoten und dazu hörte sie Kläffen und Gewinsel. Dabei war sie sich nicht einmal sicher, ob Felix überhaupt wußte, was er ihr da angetan hatte. Ob er wußte, daß er damit ihr ganzes mühsam zurechtgerücktes Leben durcheinanderbrachte, ein Leben, das sie mit soviel Ausdauer überschaubar gemacht hatte, mit dem sie gerade erst angefangen hatte, zurechtzukommen. Und da wußte sie, daß sie ihn nie mehr auf diese freundliche Art würde wiedersehen können, daß sie nun auch vor ihm würde auf der Hut sein müssen, wie vor all den anderen auch, wie immer sie heißen mochten.

Inhalt